礼仪与师德

LIYI YU SHIDE

顾　问：余绍龙

主　编：向成喜　文　锋

副主编：陈　钱　邓常梅

参　编：罗　浩　刘中琼　曾月光　余　粮
李珊倪　余建玮　余海兵　秦克安
温乾坤　秦克欣　杨镇霆

西南師範大學出版社

国家一级出版社　全国百佳图书出版单位

图书在版编目(CIP)数据

礼仪与师德 / 向成喜, 文锋主编 . — 重庆 : 西南师范大学出版社, 2014.8（2022.1 重印）
ISBN 978-7-5621-7053-2

Ⅰ. ①礼… Ⅱ. ①向… ②文… Ⅲ. ①教师-礼仪-师资培训-教材②师德-师资培训-教材 Ⅳ. ①G451.6

中国版本图书馆 CIP 数据核字(2014)第 198986 号

礼仪与师德

向成喜　文　锋　主编

责任编辑： 杨景罡　曾　文
封面设计： 尚品视觉 CASTALY 周　娟　尹　恒
制作排版： 重庆三周文化传播有限公司
出版发行： 西南师范大学出版社
地址：重庆市北碚区天生路2号
网址：http://www.xdcbs.com
印 刷 者： 重庆荟文印务有限公司
幅面尺寸： 170mm×240mm
印　　张： 12.25
字　　数： 220千字
版　　次： 2014年8月　第1版
印　　次： 2022年1月　第3次印刷
书　　号： ISBN 978-7-5621-7053-2
定　　价： 29.80元

前 言

礼仪教育理当成为公民教育的必修课

在人类文明史上，中国堪称“文明古国”和“礼仪之邦”，而这个千古不朽的美誉是来之不易的。中国在秦朝统一六国之前就有了礼仪，汉武帝时期，董仲舒上表汉武帝奏请独尊儒术，汉武帝允其所奏并诏告于天下。由此得出一个结论：礼仪是不可冒犯的文化。即使到了清朝晚期，政治经济极其衰败，礼仪文化仍然不曾丢失。不论是富裕人家，还是衣不蔽体、食不果腹的贫穷人家；不论是学富五车的知识分子，还是目不识丁的平头百姓，礼仪都伴随着他们的生活，生生不息，足见礼仪的生命力与天地人脉一样永恒。

礼仪文化源远流长，涵盖了社会生活的方方面面，它是社会文明进步的一个重要标志。在现代社会，随着国际经济、文化和社会交往日益频繁，社会对公民的文明素质要求越来越高，礼仪文化建设的重要性日益突出。首先要构建和谐的人际关系，构建和谐的家庭，才能构建和谐的社会，因此，礼仪文化的建设十分迫切。我们应如何看待中国的礼仪文化现象，为什么从几千年的封建社会一路走来，唯有礼仪文化能够保留着并流传至今，甚至不断地影响着整个世界，是一个引人深思的问题。因此，我们根据礼仪文化在学校德育工作中的作用与价值编写《礼仪与师德》，其意义在于通过学校的礼仪文化教育，弘扬中华民族传统美德，让教师学习和继承祖先留下来的这笔宝贵的财富，以此培养教师的人文素质和师德素养，提升师德师风。

礼仪文化是一种和谐文化

所谓礼仪，是人们在进行社会交往中相互交流情感与信息时所共同遵循的原则、方法和手段，它与社会风俗、民族习惯相联系，反映着社会文明的程度，既具有稳定社会秩序、协调人际关系的功能，又是人们表达情感的惯用形式。“和”作为中国古代哲学的重要范畴，是事物存在和发展的一种基本状态，也体现出人与人之间的良好关系。在长期的历史发展中，我国形成了各种仪式，建立了教师比较完善的礼仪体系，促使人们在日常生活中调节好人际关系。我们透视这个浩翰的礼仪体系，编写该书以告诫教师做人之道、从业之道，规范其日常行为，从而使其能处理好人际关系，加深人与人之间的理解，建立友好相处的和谐关系。

礼仪文化富有时代内涵

从历史发展的脉络来看，从唐朝开始，中国的文化就向西域以外的国家传播，所以，中国的礼仪是世界性的文化现象，是我国道德风尚和生活习惯的一个标识，其内涵是不断丰富与发展的，它取决于物质文明的进步程度。目前，在许多富强国家的经济繁荣城市中，都有一条“唐人街”，这就是中国文明和历史文化在世界上的“文化标识”，从中我们可以看到古老的“中国影子”。因此，礼仪文化需要不断地总结、提升、传承和发展，成为社会前进的动力，促进人类社会的持续进步与发展。我们的文明礼仪应当成为一种促进社会发展的精神动力。

古代传统礼仪推崇“仁敬、正义、诚信、辞让、慈孝”等，在此基础上，我们需要发展新型礼仪文化，紧扣民主与文明建设的主题，这是礼仪文化发展进步的方向。我们应该有效利用礼仪文化，并践行于生活之中，立足于世界文化的广泛交流之中。现代礼仪文化既要继承中华礼仪传统，也要在与其他文明的学习交融中不断发展。该书借鉴了国外教育中传播中国文明礼仪的教学案例，其意在于促进中外民族之间文化习俗的借鉴与交融，坚持自己的主流文化，引进外来的先进文化作为补充。在实施礼仪文化的过程中注入新的礼仪内涵，这不仅弘扬了中华民族的传统美德，又有助于现代礼仪文化及观念的树立，从而提高公民素质，为构建和谐社会打下良好的基础。

礼仪教育推进公民素质教育

重视礼仪教育是我国的优良传统。礼仪教育是社会主义道德教育的重要组成部分，通过礼仪教育，引导公民自觉遵守当代道德规范、礼仪习惯和规则，以促进和谐社会的建设。公民礼仪素质教育需要从不同层面、不同渠道来进行，并通过家庭、学校以及社会共同推进。近年来，全国各地有不少地区的教育系统很注重文明礼仪的教育，提出文明礼仪从娃娃抓起的德育主张，把文明礼仪作为地方课程纳入教育教学的计划，推行文明礼仪“进课堂、进校园、进家庭、进社区”，开展了丰富多彩的教育实践活动，这些都有效地推进了当地精神文明建设，提升了城市的文明形象和城市品质。因此，学校礼仪文化的教育应抓好传播践行渠道。

一是把家庭教育作为礼仪文化的启蒙阶段，将礼仪教育作为少年儿童的必修功课。推进公民道德教育应从儿童启蒙阶段抓起，将礼仪文化内化为个人的素质是家庭教育义不容辞的责任和义务。

二是根据《中小学文明礼仪教育指导纲要》把学校文明礼仪文化教育作为学校德育工作的重要组成部分，纳入课程教学计划，培养符合社会规范的个体，为学生未来的幸福生活奠基。

三是把学校文明礼仪教育作为校园文化建设的重要内容，坚持从教师抓起，促进师德师风建设，同时发挥文明礼仪教育对社区人文教育的影响作用，为提升公民素质提供精神支撑。

目　录

Contents

上　篇

礼仪篇

第一章　礼仪概论

讲礼堂

★不学礼，无以立。 ——《论语》

★良好的礼貌是由微小的牺牲组成。 ——爱默生

★凡人之所以贵于禽兽者，以有礼也。

——《晏子春秋》

★在宴席上最让人开胃的就是主人的礼节。

——莎士比亚

礼在中国古代用于定亲疏，决嫌疑，别同异，明是非。《释名》曰："礼，体也。言得事之体也。"《礼记·礼器》曰："忠信，礼之本也；义理，礼之文也。无本不立，无文不行。"礼是一个人为人处世的根本，也是人之所以为人的一个标准。故《论语》曰："不学礼，无以立。"

一、礼仪的作用

"世事洞明皆学问，人情练达即文章。"这是《红楼梦》里的一副对联，意思是：明白世事，掌握其规律就是学问；恰当地处理事物，懂得道理，再总结出来的经验就是一篇好文章。

自古以来，礼仪是中国文化生命力最强、普及程度最高的文化现象。其意义在于人人需要它，它是人们生活的重要部分，是社会文明进步的显著标志。其关键是“有所为”和“有所不为”。

孔子教导学生要“兴于诗，立于礼，成于乐”，要成为一个人才就需要学习这些。“诗”赋予人情感，“礼”赋予人道德，“乐”赋予人平心静气。诗与礼、乐是并蒂相连的，互为因果关系，所以“礼坏乐崩”时政治一定不成，故“审乐”可以“知政”，就是这个道理。

礼是教人节制，教人和平，建立起社会的秩序。古代的礼节很烦琐，对人苛求。随着社会的进步，我们摒弃不适应的东西，而保留和延续下来的便成了优秀的文化，这就是教人“有所为”和“有所不为”。

什么是“有所为”？就是应该这样做，或者说必须要这样做。这样做就对。什么又是“有所不为”呢？就是不应该这样做，或者这样做了就是错误的。

简单地说就是告诫人们：明白该是什么，不该是什么。如果人知道这一点就可能是君子而不是小人。所以，“眼界决定境界”。

礼仪就是教人怎么做人、怎么敬人的规定，人人事事之间老幼有别，等级有殊，子孝父慈，上行下效。比如，语言沟通就要分对象，座次先后有讲究。对老百姓就要说老百姓听得懂的语言。

礼仪是一门社会学，或者说是社会交际学。掌握好了受人尊敬，掌握得不好就会在交往、谈判中受阻，达不到所要达到的目的。比如，怎么介绍宾主，先把谁介绍给谁？再如，握手的方式、姿势、表情、力度、距离、先后等，既简单又复杂。

因此，懂得一些基本的社交礼仪是十分必要的。

二、礼仪的规则

常言说，“没有规矩就不成方圆”，规矩从何而来？孔子说，“礼者，履也”。“履”是什么？是古人的一种鞋子，叫木屐。有多大的脚就穿多大的鞋，意思是给人一定的约束，也就是说“有所为”和“有所不为”。

礼仪需要善于表达，以敬重他人为本。中国有句俗话“礼多人不怪”，也就是说讲礼仪不厌其多，做对了就会赢得别人的敬重。（比如：久仰久仰、幸会幸会；给别人介绍自己或他人的名字时要表达得准确、清楚、明白。）

讲礼仪就是要充分考虑或优先考虑对方的感受。做客人时最希望主人帮你做什么才满意，这叫换位思考，不论是在宾馆、饭店，还是会场，特别是公共场所，都需要考虑对方的需要。比如：待客“三声”（来有问声，问有答声，去有送声）就是考虑了对方的心情。（比如“迎客三到”：一要起立即动作到；二要眼睛望着对方即眼神到；三要面带笑容即表情到。）

礼仪就是心里要有别人。“惟君子能由是路，出入是门也。”凡事只有不拿自己的习惯去要求对方，才能达到和谐沟通的目的。

礼仪不能代表一个人的知识、能力和水平。它代表的是文化习惯，讲礼仪并不需要多渊博的知识和高深的学历。一个大学教授不一定就懂礼仪，一个目不识丁的农民不一定就不懂礼仪，礼仪和文化程度是两码事。待人要掌握五类语句：称谓语、问候语、道歉语、祝贺语、迎送语。

有些观点需甄别商榷。例如：“礼者，理也。”“礼者，养也。”“痒者，养也。”“礼者，人道之极也。”“礼者，敬人也。”“礼者，所以正身也。”“礼者，履也。”“小人与女子难养也。”我们应去其糟粕继承传统文化的精髓。

礼仪要讲调和，要“容人为大”。非问的不问，非听的不听。顾及别人的感受，学会欣赏别人。大事讲原则，小事要变通。孔子说：“君子和而不同，小人同而不和。”

三、礼仪的基本常识

礼仪是文化，不是知识和技术。有很多人不知道文化是什么，其实用最简单的一句话概括：文化就是习惯。一些约定俗成的习惯就是文化的表现形式。比如，别人说话时不打岔，这就是文化，也是礼仪；吃饭时不发出声音，这也是文化，也是礼仪，人区别于其他动物也在于此。

既要入乡随俗，也要尊重客人。中国乃至世界由于种族不同、风俗习惯不同、文化背景不同，人们需要相互理解和尊重。入乡随俗应该理解为两个方面，一是客人要尊重主人的规矩；二是主人要充分尊重客人的感受，要达到宾主相容。

礼仪就是做任何事情都要有底线。衣、食、住、行、戴等，在公众场合要从众，仍然要坚持“有所为”和“有所不为”的原则。文化的共性是强势占有弱势，这是社会的规律。着装、化妆都不能标新立异，这是对别人的尊重。比如，着装的三色原则，不论是在东方还是西方都不能突破这个底线，否则会被别人笑话。凡事须得有个度，过度关心也是一种伤害。

礼仪具有传播力和影响力。所以，文化沟通有三部曲：第一是让人留下印象——知名度；第二是让人记住你——美誉度；第三是让人效仿你——认可度。沟通方式要达到“这三个度”。

礼仪宴请也是一门待人的重要艺术。如果不考虑对方的感受，往往达不到宴请的目的。这里有“五不原则”。一不“合并同类项”，比如同一个类别或级别的客人，就不能区分谁是主客，谁是陪客，你再往下思考一下，座次怎么安排，谁坐上位，谁坐下位？二不提开放性的问题，比如问客人：“吃完饭你愿意到什么地方去玩一玩？你叫客人怎么回答这个问题？要是客人调侃你说：“凡是没有去过的地方都可以去。”你将如何满足客人的要求呢？封闭式问题是给出一定的选项。再比如说，你请客人点菜说：“你愿意吃什么，尽管说没关系。”如果客人点一些这饭店里都没有的菜，你怎么来对客人解释呢？应该是你愿意吃麻辣还是清淡，还有不吃什么等。三不自己说了算。要尊重客人的意见和喜好，要顾及别人。四不给别人夹菜，可以介绍菜的特色。五不劝酒，只能助酒。礼节要到位，举杯、碰杯要符合礼仪规范。

礼仪是一种敬人的文化，人人都需要不断加强学习，礼仪知识需要培训并付诸实践，尽量达到普及化的程度，对个人、家庭、社会乃至于整个国家都是很有必要的，对提升整个民族素质都是一件有意义的事。

学会礼貌地回答

当小孩子回答大人的问话时，要用“是的，女士”或“是的，先生”。如果只是点头或用其他的方式表达“是”或“不是”，那是不可取的。

由于我在北卡罗来纳州的乡下长大，这么说话对我来说太自然了。我感觉它是所有规矩里最重要的之一，因为这样说话带有敬意，我希望我的学生也能这样跟我说话。假如你想让孩子们尊重你，你就必须让他们知道——告诉他们你想让他们称呼你的时候冠以“先生”，让他们知道你喜欢让他们这样和你打交道。我告诉我的学生们，用这个办法和大人打交道是很有效的，更进一步地说，成年人之间打交道，这样说也不一定也管用呢。举个例子吧。最近我给电话公司打过一次电话，想纠正话费单上的错误。接电话的女士起初有些不耐烦，然而在对话过程中，当我说了一声“是的，女士”后，她的态度完全变了。她变得更乐于助人，也更容易打交道了，而且最后还免了我账单上的一半话费。这可比我请求她更正的话费数额多很多。

我有一些居住在纽约黑人住宅区哈莱姆的学生，他们曾面临一次上好高中的机会，这所高中来年要招收30名学生。在申请入学的众多孩子中，就有我的12名学生。我给我的学生进行面试训练，我着重强调一点就是：“无论何时你都要说‘是的，女士’或‘是的，先生’。”面试几周之后，我惊喜地得知我的12名学生全部被录取了！当我和这所学校的招考官交谈时，他一遍遍反复强调的主要内容就是：我的这些学生在面试的时候是如何有礼貌。这看起来似乎很容易做到，但是确实行之有效。

根据中国人的语言习惯，孩子在与大人对话时，要依照与对话人的关系不同，将称谓进行适当的调整。例如：“是的，妈妈”；“是的，阿姨”；“是的，老师”等。

第二章　教师礼仪

第一节　教师礼仪概述

教师是学校工作的主体，不仅是科学文化知识的传播者，而且是学生思想道德的教育者。教师在传播知识的同时，以自己的言行举止、礼仪礼节对学生进行着潜移默化的影响，从而对学生的言行举止产生作用。因此，教师要十分注意自己给学生留下的印象，要使自己从各方面成为一个优秀的、学生能够仿效的榜样。另外，教师也是学校的招牌，教师的气质风貌也在很大程度上影响着其所在的学校。

教师的行为举止

一个人的气质、涵养往往从他的姿态中表现出来。作为人类灵魂工程师的教师，更要在各种场合做到大方、得体、自然、热忱。

(1)目光。在讲台上讲课时，教师的目光要柔和、亲切、专注，给人以平和、易接近、善交流、有主见之感。当讲话出现失误被学生打断时，或学生中出现突发事件打断你的讲课时，不能投以鄙夷或不屑的目光，否则有损教师在学生心目中的形象。

(2) 站姿。教师站着讲课，既是对学生的尊重，更有利于身体语言的发挥，从而达到强化教学效果的目的。站着讲课时，应站稳站直，胸部自然挺立，不要耸肩或过于昂头，重心落于两脚之间。需要在讲台上走动时，步幅不宜过大过急。

(3)手势。教师讲课时，一般都需要配以适度的手势来强化讲课内容。教师的教学手势要自然得体、刚柔适度、恰如其分。讲课时忌讳敲击讲台或做其他过分的动作。

教师的言谈风度

教师承担的主要任务离不开语言表达。因此，作为一名教师，要注意表达语言时应遵守的礼仪礼节。

(1)表达要准确。每一门课程都是一门科学，有其严谨性、科学性，需要语言艺术来传播。因此，教师在教学时应严格遵循学科的要求，不可随意化、庸俗化。

(2)音量要适当。讲课不是喊口号，声音不宜过大，要抑扬顿挫。既不要声嘶力竭，也不要低声沉语；既要有冲击力，又要有优美感，以此达到好的教学效果。

(3)语言要精练。讲课要抓住中心，不说废话和多余的话，该详则细，该略则简，给学生以干净利落的感觉。

(4)讲课要风趣幽默。教师讲课适当使用风趣、幽默的语言可以活跃课堂气氛，增强师生情感，调动学生的学习积极性。

与学生谈话

(1)要提前通知，有所准备。最好提前给学生打招呼，让学生有一个思想准备。这既是一种礼貌，又是对学生的尊重。

(2)热情迎候，活跃气氛。谈话时，语气要平和，要有耐心，音量不要太大，对学生不要反唇相讥，尊重学生人格。应表现出良好的师德修养。

(3)分清场合，入情入理。在与学生谈话时，教师的表情要与谈话对象、内容协调一致。不要言过其实，故意夸大事实，也不要传播不利团结或道听途说的事情。

教师的着装

教师的穿着打扮是很有学问和讲究的。作为教师，穿着要大方得体，不宜过于花哨，不宜引领时尚潮流，佩戴饰品要恰当。要遵守学校的规定。

一、教师礼仪的内涵

讲礼堂

★勿以恶小而为之，勿以善小而不为。惟贤惟德，能服于人。
——刘备

★无礼是无知的私生子。
——巴特勒

★礼仪，是聪明人想出来的与愚人保持距离的一种策略。
——爱默生

★人不能像走兽那样活着，应该追求知识和美德。——但丁

礼仪，教师的立身之本。古人言“礼者，人道之极也”，“不学礼，无以立”，“人无礼则不生，事无礼则不成”。育人就要讲礼仪。从孔子开始，礼仪就被列入必修的“六艺”之中了。今天，“学高为师，身正为范”已成为教师职业道德的基本要求。所谓“教师礼仪”是指教师在从事教育教学活动、履行职责时所必须遵守的规范。它具有鲜明的强制性和强烈的形象性。“教师的站姿、坐姿、走姿、目光、微笑、手势、着装、电话”等都是礼仪的表现形式。

教师不仅是传授知识的源泉，而且是传承文明的导师、教书育人的园丁、以身作则的楷模。教师的举手投足，甚至一言一笑，都蕴含着教育的力量。拿破仑·希尔曾说过：“世界上最廉价，而且能得到最大收益的一项特质，就是礼节。”教师礼仪体现在细节之中，细节决定成败，细节体现修养。教师应关注从每一个细节树立教师良好的职业形象。

学会用眼睛与他人沟通

有人对你说话时，眼睛要注视着他；有人发表意见时，你的身体和脸要正对着他。学会用眼睛和他人沟通。

眼睛盯着一件东西看，这对有些人来说有点困难。但是，如果你正努力赢得人们的好感，并且想表示你所说的话很认真，这就显得很重要了。例如，当你走进老板的办公室要求他给你升职时，如果你的眼睛紧盯着他，而不是低着头，那么他会更认真地考虑你的请求。当你在单位陈述你的一份商业计划时，如果你用自信的眼神看着周围的人，那么大家就会更加信任你并认可你的计划。

我花了很长时间训练我的学生用眼睛来与人沟通。为了让他们有更多的实践机会，我把他们每两个人分成一组，然后告诉他们，当你发表演说时，眼睛要注视对方，语气里要带有更多的强调成分，加入更多的感情色彩。如果这时你的眼睛看着别处或盯着地板，那就说明你对自己所说的话并不确信，或者你说的可能根本就不是事实。我还告诉他们，我听说如果眼睛不停地往左上方瞟的话，就说明你正在撒谎。我经常训练他们两个人一组互相对话，他们逐渐意识到，用眼睛看着对方说话是非常有效的。

用眼睛和别人沟通，不仅表明你很自信，同时也表示你对别人很尊敬。在课堂上，当一个学生发言时，我都会确保其他所有的同学转身看着他，专心听他发言。一个学生的发言还没结束，我绝不允许其他的同学举手补充。如果他们这样做的话，那就说明他们把更多精力放在了自己要补充发言的内容上，而没有专心听那个正在发言的同学说什么。我让他们想象一下，如果一个人正在努力表达一种想法，而他周围的人却不停地挥舞着手臂，这会让正在发言的人感到自己的观点一文不值，因此我们不能这样做。

我现在还记得我自己上学的时候，只要用眼睛盯着老师，根本就走不了神。如果我盯着我前边同学的后脑勺或我的铅笔，那就很容易走神，但一看着老师，我马上就能回过神来。因此，后来在我讲课的时候，我要确保所有人的眼睛一直盯着我。因为站在前边，我能看见学生们脸上的表情，并且能看出他们谁没听懂，谁走神了，或谁在专心地跟着老师的思路走。同时，我作为一个活生生的人站在他们面前，不停地在动，并辅以手势或板书，让孩子们始终跟着我的思路走。

我曾在快餐店工作过很长时间，在“当肯甜甜圈快餐店”做过甜甜圈，还在许多饭馆收拾过餐桌。服侍人的活儿真不是什么好差事，但是当你不得不去和形形色色的人打交道时，那就变成一个磨炼人的好机会。我很喜欢顾客点菜时看我的眼神，他们看我时的表情可不全是尊敬。当他们要离开的时候，我总希望他们能对我说声“谢谢”，然而很多人都不说，这令我很困惑。他们当时在想什么呢？而很多人说“谢谢”也是在他们已经转身要走掉的时候才随口说一声，为什么不能用一秒钟的时间看着别人，表达一下你的谢意呢？

我努力训练我的学生对学校里那些不是教师的人们表达谢意。在学校里，那些管理员、餐厅工人和秘书通常被学生们忽视，因为他们认为教师更值得尊重。我努力改变学生们的这种意识，向他们解释，学校里的每个人都有不同的作用，大家共同努力才能使他们获得更好的教育。我还告诉学生们，如果让那些管理员、工人或秘书感到他们的工作得到了赞赏的话，他们会更加努力工作的。如果他们更加努力，校园的环境肯定会比现在更好。我希望孩子们做到的，我一定保证自己首先做到。我在与学校里所有的员工打交道的时候，都抱着友善和尊敬的态度。我带了好头，学生们做起来也毫不费劲，而且效果明显。当我们去餐厅就餐时，学生们在队列里不能说话，轮到自己时，他们必须用眼睛看着餐厅师傅，并说“我可以要……吗？”还要挨个地对师傅说“谢谢”，并祝他们心情愉快。这些师傅总是称赞我这个班的学生有多好，他们对孩子们的问候感到非常愉快。

不管我们和周围的人用什么方式交流，也不管我们表达的内容是什么，我们肯定会对那些用眼神和我们沟通的人给予更多的关注和回应。

二、教师礼仪的作用

讲礼堂

★不患位之不尊，而患德之不崇；不耻禄之不伙，而耻智之不博。
——张衡

★土扶可城墙，积德为厚地。
——李白

★行一件好事，心中泰然；行一件歹事，衾影抱愧。
——神涵光

★入于污泥而不染，不受资产阶级糖衣炮弹的侵蚀，是最难能可贵的革命品质。
——周恩来

社会公德是人们在长期的生活和交往中形成的，被大家所公认并共同遵守的，用以维护公共社会秩序的，调节人与人之间、人与社会之间关系的最起码的行为准则和行为规范，是社会公共利益的反映，是整个社会道德体系中的一个重要组成部分，在维持公共秩序、保持社会稳定方面具有重要的作用。

爱美之心人皆有之。人类寻美的征程从未停歇，对美的追求从未泯灭。我们朝看日出，暮看日落，欣赏风光美景，尽享人间美好的甜蜜生活，“美”已在我们心中扎根，渗透骨髓，溢满灵魂。

因此，美的培植需要教师的浇灌和培育，需要教师的演绎和示范。美的思想雏形首先来自教师的谆谆教诲和以身示范。教育是培养人的过程，人是教育的结果。教师作为教育的组织者、实践者和引领者，是一种特殊的职业，其责任就是要推动社会的发展和文明的进步，从而让世界变成美好的人间，让学生享受美的同时发现美、创造美。教师被誉为太阳底下最光辉的职业：燃烧的蜡烛、吐丝的春蚕、人类灵魂的工程师。可能用再多的赞美之词形容教师也不过分，可教师毕竟也是一个有血有肉的人，不是无所不能的神。在当今多元化的时代，要想达到人们心目中的完美形象，深深地吸引学生，以至让学生终生尊敬和崇拜，教师更应该不停地自我进行礼仪的学习和修炼，做到内外兼修，达到“炉火纯青，以臻化境”的程度。

教师要注重外在美。教师的美应是学校独特的风景线。天生符合美的标准的人毕竟不多，但凭借现代科学技术和美容保健知识，容貌的不足完全可以通过后天的精心装扮加以弥补。在教学中，教师更应处处养成以身立仪的审美气质，注重自己的仪表风范，塑造一个美好的形象。其一，服饰要庄重大方，透出一种庄重的美。其二，言谈举止应优美自然，严谨而不局促，潇洒而不失风度。其三，动作快慢相宜，开合有度。其四，语言清晰流畅，嗓音甜润。学生可以从教师身上树立起正确的审美观、人生观、价值观，感受到美的韵味，懂得创造美好生活的意义。

教师还应修炼内在美，使自己具有广博的知识、远见的卓识、过人的聪慧、高尚的道德、无私的爱心。只有这样，教师的礼仪形象才能从内到外，透出十足的底蕴和蓬勃的朝气，敢于拼搏的勇气，挺直脊梁的骨气，气壮山河的正气。世界上最勃勃的生机是教师心灵的不俗、不凡和不屈。心灵不俗—即使地位卑微，眼光照样长远，见解照样深刻；心灵不凡—即使身处窘境，双肩擎起的还是刚毅，胸前环抱的还是崇高；心灵不屈—即使险象环生，足音依然铿锵，站姿依然傲立。一个有生机的人终能把梦想收获成现实；一个有生机的民族终能把神话改写成历史。

当教师的形象经过内外兼修，就会成为学生心中永远的风景。无论风云如何变幻，世事如何变迁，其形象依然是学生心中闪亮的灯塔、奏响生命琴弦的旋律、洒落炽灼与大爱的雨滴。在学生心灵深处就会激荡成一首抒情的小诗，就会绽放成一枝春天的花朵，结下沉甸甸的蜜果。学生就像尝到一坛尘封的陈年美酒，回味无穷。

学会亲切地与他人交谈

在与人交谈的过程中，如果别人问你一个问题，你也应该回问对方一个问题。如果有人问："周末过得怎么样？"你应该先回答，然后再回问一句。

我问："周末过得怎么样？"

你答："不错！我们全家逛商店去了。你怎么样？周末过得好吗？"

这是个礼貌问题，你要向别人表示：像他们对你感兴趣一样，你也对他们感兴趣。

掌握这个细节只需一会儿工夫，但事实上，我遇到的很多成年人至今也没有掌握它，而且我认为他们永远也不会照此去做的。我告诉我的学生，与别人谈话时，应该确保不只是他自己一个人在说话。我们都遇到过这样的人：说话时嘴巴永远停不下来。如果他们多问别人一些问题，让别人也谈谈他们的想法、观点什么的，那么他们在别人眼中就会显得更讨人喜欢和更值得尊重。

学生们走进教室时，我通常会说些诸如"早上好，特里，周末过得怎么样？"之类的话。他会回答："好极了，克拉克先生，我和我的表兄们去了海边。"然后特里就跑回自己的座位上去了。这时候，我就会喊这个孩子回来，并告诉他："嘿，我刚才是表示对你的周末过得如何感兴趣，你要给我一个同样礼貌的反馈呀！可你转身跑回自己的座位了。来，再试一遍！特里，周末过得怎么样？"这时，特里就会回答："好极了，克拉克先生，我和我的表兄们去了海边。您的周末过得怎么样？"

参加面试时，主动提些问题也是个很管用的法子。我在哈莱姆学校的学生希望进曼哈顿东区一所教学质量比较好的高中学习。当他们去参加面试时，主考官问他们最喜欢的作家是谁，很多孩子回来后告诉我，他们回答完这个问题后反问主考官："您最喜欢读谁的作品？"这句反问表明这些孩子比其他孩子有更高的认知水平，也表明这些孩子能意识到别人也有个人爱好，例如读书等。这不仅适用于面试，而且适用于与他人的谈话中。

这个细节就是让别人知道，你对他们也同样感兴趣。只要你做到了，就一定能看到效果。我第一次参加工作是在北卡罗来纳州的斯诺登小学教书，我当时花了很多时间和同学们谈论他们感兴趣的话题。我询问他们的好恶，以及他们喜欢做什么有趣的事。我当时的目的是想让他们知道，我想了解他们，而不只是教他们课本上的那些知识。

我还记得在那里教书的第一年，我的学生里有一个叫詹森的。一个周末，他要在他祖父的裁缝店里举办生日庆祝会。詹森邀请了我，同时也邀请了学校里其他所有的老师。我问了一圈，没有老师要去参加，但是我告诉詹森我要去。于是詹森和他的同学们每隔5分钟就来问我一次是不是真的要去。我跟那帮孩子发誓我星期六一定去，我也确信他们不希望我半路开溜。当我出现在裁缝铺里的时候，所有的孩子像潮水一样涌过来把我团团围住，好像过生日的人是我！我们玩捉人游戏、捉迷藏，玩得特别尽兴。那天，我和学生们的关系大大拉近了，他们也开始信任我了。

到了星期一，当我要求孩子们坐好了注意听讲时，我从他们的眼神中看出了变化。他们很尊重我，也更听话了。

对别人表示感兴趣有很多种方式。你可以当一名积极的听众，可以成为一个不掺杂任何个人好恶的谈话对象，也可以用特别的方式向别人表达你的关心，而你所做的一切最终一定会有效果的。

三、教师礼仪的内容

讲礼堂

★知耻近乎勇。

——孔子

★我深信只有有道德的公民才能向自己的祖国致以可被接受的敬礼。

——卢梭

★自觉心是进步之母，自贱心是堕落之源，故自觉心不可无，自贱心不可有。

——邹韬奋

★不是不能见义，怕的是见义而不勇为。

——谢觉哉

教师礼仪的主要内容包括：个人礼仪、学校礼仪、交往礼仪、公共礼仪。个人礼仪指教师要注重个人的仪容、举止、表情、服装和配饰等。教师得体的举止具有表现功能、替代功能、辅助功能、适应功能、调整功能。教师礼仪要求教师谈吐要高雅文明、举止要得体，做到站有站相、坐有坐姿、走有走态。

教师礼仪特点具有率先性、示范性、整体性和影响的深远性。礼仪的作用在于：一是有利于发挥教师的示范、表率作用；二是有利于提高教师的教学艺术；三是有利于建立良好的人际关系。

教师礼仪的要求：一是认真学习礼仪理论知识，向内行学习、在实践中学习；二是正确理解和坚持礼仪原则；三是科学认识和掌握礼仪规律。

他山之石

学会尊重他人的意见

在讨论问题的时候，要对其他人的评论、观点和想法表示尊重。要尽可能地这样说："我同意约翰的观点，同时我也感到……""我不同意莎拉的看法，尽管她抓住了问题的核心，但是我觉得……"或者"我认为维克多的观察真是太精彩了，它让我意识到……"

这也是一个不容忽视的细节，我觉得应该把它应用于每一间会议室、每一场会议、每一个工作单位以及每一个家庭。这种情况太常见了：我们不同意别人的观点，可又苦于没有一种很轻松的氛围，能让我们把脑子里的想法自由地表达出来。同样常见的事是：人们担心一旦把自己的观点说出来，别人会怎么看，自己会不会遭到嘲笑。我猜测，在一间房子里，每天可能有数百个好主意没人听得到，或者根本就没说出来。

我明白这一点，所以不希望我的教室也是这么个环境，因此我和我的孩子们一起创造了一个相互支持、没有畏惧的氛围。我想创造更多的机会，让大家都能畅所欲言，而不仅仅是让学生在教室里随意发表见解。我想让学生的思想和主张都能得到关注。为达到这一目的，我需要一步步地引导孩子们用一种充满尊重表达方式，对别人的观点，发表自己赞同或否定的意见。

首先，我告诉学生们，永远不要嘲笑别人的发言或拿别人的发言开玩笑。每个人都应该为班集体做贡献，为了让我们这个集体成为最好的集体，我们需要倾听每个人的意见和想法。我鼓励他们发表不同的意见，还告诉他们，人们的想法是千差万别的，而且你的想法在传达给别人的时候还会产生误解。我们每个人都有个体差异，不同的禀赋，不同的经历会导致你周围的人产生不同的念头。因此，我们应该尊重别人的言论，不要有任何居高临下的感觉，也不能让别人感觉他们的思维方式有问题。

为此，我们做了大量的练习。聆听别人的发言，并且从别人的发言中找

到有价值的内容，这对许多同学来说似乎都是第一次。我一遍一遍地告诉我的学生，他们说过的话给了我多么大的启发，或者是他们的发言有多么棒。当他的同学转过身对着他说："哇，这主意太妙了，我根本就没想到"时，这句话的价值会远远超过我的那些赞美之词，它给了孩子信自尊和自信。

我在哈莱姆任教几个月之后，我教的那些孩子就与其他孩子有了明显不同。参观过我们学校并观摩过我上课的人总在谈论我的学生如何有礼貌，如何相互支持。他们对学生能愉悦地全身心投入讨论，并对所有的发言和观点表示尊重而感到惊讶。我最初也是想了很多办法才有了这种变化。记得我刚到哈莱姆教课时，我不会玩双绳跳——学生们跳绳的一种玩法，于是我想让他们教我。起初他们并不情愿，我试着跳的时候也没有人指点我，也不给我更多的机会让我尝试。他们只让我跳两次，然后我就得去排队了。

我注意到，如果跳绳跳得好的话，所有同学就会尊敬他，这似乎决定了一个学生在班里的处境。所以我就想，如果我能跳好的话，一定能赢得这些孩子的心。我一次次地努力尝试，但他们每天只会嘲笑我。看起来，他们根本就不想给我任何机会，因为他们知道要把我教会会占用他们太多的时间，而且我好像根本不可能学会似的。但不管怎样，我每天依旧不停地跳，绳子经常打在我的脸上，我看起来一直在笨拙地傻跳，孩子们常说我跳绳时像匹马，上下乱窜。努力了三个月之后，就在我准备放弃跳绳的时候，一根绳子突然间打在了我的前额上，血顿时流了下来。看来克拉克先生跳绳的日子就将结束了。然而，就在这个节骨眼上，孩子们"哗"地一下围了上来，告诉我说他们相信我一定能学会。他们开始一边慢慢地摇动绳子，一边不停地指点我，并为我鼓劲。一个女孩说道："克拉克先生，你不能像马似地跳，应该这么跳。"每个孩子都想把他们自己的技术要领告诉我。很显然，他们现在开始关注我的成功了。一天，我跳入绳中，等着绳子像往常一样抽到我的脸上。但这时，奇迹发生了，我跳进去了！我成功地在两根绳子中间跳着，真是太妙了！这个过程大约持续了30秒钟。我一边跳一边高声喊："我进来了！我进来了！"所有在操场上玩的孩子都跑过来看，他们开始欢呼："接着来，克拉克先生！继续，克拉克先生！"所有的孩子都像我一样尖叫着。我们的关系从此开始有了戏剧性的进展。

在班上，每当我教孩子们一些有难度的知识，他们觉得自己学不会的时候，我都会说："现在，听我说！你们知道……起初，我也认为自己学不会双跳绳，但是你们信任我、支持我，最终我做到了。现在，你们认为你们完不成这项任务，但是我信任你们。我站在这儿就是要告诉你们，我对你们的能力充满信心，我知道你们会成功的。”这些话对孩子们非常起作用。他们经常跟别人说：“克拉克先生在我们需要他的时候会支持我们，在他需要我们的时候，我们也会支持他，因为他确实有需要我们的时候，我们也能教他一些东西呢。”创造这样一种每个人都能相互支持，对别人的想法和能力表示欣赏的氛围，能将一个班级或任何一个需要团队协作的地方改造成完全不同的世界。

第二节　教师的形象礼仪

一、仪容仪表

讲礼堂

★君子忧道不忧贫。——孔子

★要留心，即使当你独自一人时，也不要说坏话或做坏事，而要学得在你自己面前比在别人面前更知耻。——德谟克利特

★一个人最伤心的事情无过于良心的死灭。——郭沫若

★理智要比心灵为高，思想要比感情可靠。——高尔基

过去，大家都认为教师的主要任务是传授知识，在外形方面不必太注重。然而，随着学生信息量的扩大，视野的开阔，教师不仅要通过教学活动来教育学生，也要通过衣着打扮和谈吐给学生潜移默化的影响。端庄得体的打扮，

不仅能使学生心情愉悦，更有利于培养学生的审美观念。化妆是一种生活时尚，教师也不应该脱离生活时尚，老师适当化淡妆会使学生对美有着天然的向往。在节假日的社交场合、私人聚会场合，教师也可以尽情地张扬穿着个性。

当然，在学校里，教师还是应该穿得端庄、大方。不仅是教师，任何人都应该把自己的职业和个人生活、工作场合和私人空间区分清楚。而一些学校做出“老师不准化妆”“不准染发”等刻板保守的规定，也是没有必要的。教师打扮得端庄靓丽是社会文明的体现。

（一）教师的仪容仪表标准

1.教师学校服饰总体要求

(1)端庄大方：不着娇艳透明服装，做到与职业相称。

(2)含蓄稳重：不引领时装潮流，做到与体态相称。

(3)简单整洁：不披肩散发，做到与身份相称。

(4)美观和谐：不娇柔和过分浪漫，做到与内涵相称。

2.男教师的仪容仪表要求

(1)男教师一般穿衬衫、西装。西装以深色为主，避免穿着非常艳丽的西服。

(2)夏季可穿短袖衫或T恤衫、长裤。

(3)上课时服装最好有领；裤子应穿长裤，不能穿短裤；不穿拖鞋。

(4)体育教师上课时一定要穿运动服及运动鞋。

(5)发型发式要干净整洁。不留长发，做到前不遮眉，侧不盖耳，后不到领。不留过多过长的鬓角，一般不留胡须。

(6)衬衫、西装的颜色不宜是同一色。以白色衬衣最好，衬衫的里面不要穿深色的内衣。

(7)在穿西服、打领带的情况下，一般要配以皮鞋，不应穿运动鞋、凉鞋或者布鞋，皮鞋要保持光亮整洁。

(8)全身衣着的色彩，限制在三种之内，如灰色西装、黑色皮鞋、白色衬衫，多于三种，令人眼花缭乱，失去庄重之感。

特别注意：不佩戴项链、手链、戒指等。

3.女教师的仪容仪表要求

(1)发型发式：不染彩发，不做流行夸张的发型。

(2)面部修饰：可淡妆上课，不应浓妆艳抹，淡妆更显人的修养和审美情趣。

(3)不佩戴转移学生注意力的饰物，不佩戴长而粗的项链，不佩戴手镯、手链、粗大耳环，双手戒指不超过两只。

(4)不留长指甲，不涂本色外的其他颜色的指甲油。

(5)课堂着装与在校着装相宜。

①上衣要有领有袖，至少要有袖子。

②不穿细带裙、露背装，不穿过紧过透的服装。

③若穿裙子不要光腿，应齐膝盖或以下。

④不穿黑皮裙、超短裤，可穿短的休闲裤，但一定要到膝盖以下。

⑤穿休闲裤或者西裤，尽量不穿牛仔裤，注意衣服、鞋袜的搭配端庄大方。

⑥丝袜的长度要高于裙子的下摆。袜口永远不要外露，袜子以肉色相配最好，不宜穿深色或带花色图案的袜子。不穿残破的袜子，夏天可以不穿袜子（重要场合除外）。不穿过高过细的高跟鞋，上课时不得穿拖鞋。

注意：体育老师可以穿运动装。上课时，不穿皮鞋、布鞋、拖鞋，其他场合（特别是家长会等集会场合）一般不穿运动装。

（二）教师校园着装要求

教师作为普通的社会成员，在着装上与一般人既有相通之处，又有所区别。教师作为一种特殊的社会角色，着装对其良好形象的建立具有重要意义，教师在学生心目中的形象，直接影响教育教学的效果。

1.整洁卫生，美观大方、朴素典雅

这是对教师着装的总要求，也是最起码的要求。

对未成年的中小学生而言，教师的形象对他们的影响极大。1955 年，纽约一所小学五年级学生看爱因斯坦衣服破旧，特地寄给他一个领带别针和一个袖套，作为他 76 岁的生日礼物，爱因斯坦收到礼物后回信表示感谢，并说这样的礼物提醒他今后应该穿得讲究一点。

现在，有少数教师仍不注意个人衣着的清洁卫生，有时衣服脏兮兮的，衣领里一半外一半，裤脚高一只低一只，外衣不扣纽扣，衬衣打个结，穿着拖鞋，不修边幅地走进教室，给学生的第一印象很差，这是不符合教师职业道德要求的，应当自觉地加以纠正。马卡连柯说："无论对教师或是对教育机关中的其他成员，都必须要求其衣服整洁、头发和胡须都要弄得像样，鞋袜洁净，双手清洁，修好指甲和经常备有手帕。"他甚至认为："从口袋里掏出揉皱了的脏手帕的教师，已经失去了当教师的资格了。"因此，任何一名教师都要认识到，讲究个人衣着的整洁卫生，不仅仅是教师道德修养的表现，更重要的是教育好学生的需要。

美观大方、朴素典雅，是指教师的着装要给人以美感，既不奇特古怪、艳丽花俏，又要优雅不俗。教师的衣着打扮，并不一定在于要有新奇漂亮、流行时髦的服装，也不一定在于本人必须有一副适宜装扮的漂亮身材，关键在于要有适合身份，适合教师职业特点的仪表美和深层内涵。尽管适宜的身材、流行的服装对教师的形象美也起相当重要的作用，但这并不能代表仪表美的全部。只要在教书育人的实践中，衣着整洁得体、落落大方，照样能够透露出一股朴实的美、整洁和谐的美、情趣高雅的美。当然，这并不是说教师的衣着应该呆板单调、沉闷落伍，似乎这样才是为人师表，而是说教师的装扮要抓住美的真正内涵，抓住其基本的职业要求。美是各种各样的，美有多种体现。只要教师学识渊博、兴趣高雅，即使是平凡的服饰，美也会从平凡的装束中流露出美的气质来，使学生产生一种充实感、信任感与崇敬感。如果一个教师放弃基本的育人宗旨不顾，衣冠不整、邋里邋遢，或一味追求时髦，缺乏基本的职业涵养，不仅有损教师的形象，失去教书育人的作用和效应，而且还会分散学生的注意力，使其驰心旁骛，甚至会把学生导入歧途。

教师着装要想达到整洁卫生、美观大方、朴素典雅这一总体要求，必须具备基本的服装学常识。一般说来，教师着装的颜色以中性色彩、冷色为主，如选用暖色则应以中性色彩和冷色相衬托。教师服装的面料以混纺为好，显得质地好，挺拔、有光泽感，易洗易干，如选用纯毛料，则易被粉笔灰污染。男教师着装要正规，如单排扣西装，选用浅条纹或八字纹面料，配领带、马甲等。为了避免过于格式化，衣袋、纽扣可有些变化。女教师的服装可偏向时装，颜色和样式可稍花俏，可着套装，春夏季节可以素色衬衣配飘逸长裙。

2.与自身条件一致

教师的着装要从自身条件出发，综合考虑自己的体型、肤色、年龄、家庭经济状况等多种因素，穿出自己的风格和个性。

美国巴尔教授说："服装是人们形体美的自我表现。"教师着装首先要做到合身得体。要做到这一点，首先要对自己的体型、身材有一个较准确的估计。另外还必须消除盲目的从众心理。高腰衫、宽松裤、夹克衫、毛料西服、时装套裙、名牌旅游鞋和平底时装鞋都曾为一时的时尚，但身长腿短者和肩窄臀大者穿上高腰衫和宽松裤，其效果将是惨不忍睹。更不用说旅游鞋配西服，平底鞋套在粗壮的脚掌上，套裙挂在又矮又胖的身上之类的搭配了。

随着社会的发展，人们着装的心态也随之发生变化，关于穿戴的年龄界限将逐渐被打破。但是，作为教师，在一个时期内，选择服装仍需考虑自己的年龄特点。青年教师朝气蓬勃、充满活力，易于接受新事物，富有想象力和开拓精神，服饰选择上宜以活泼明快为主，可以与流行的色泽和款式适当地靠近一些，要避免在色泽款式上的老气横秋，显得毫无生气与活力，也要避免给学生以沉闷感和压抑感。年长的教师德高望重、稳重通达，衣着上应以严肃端庄为主。但也可以根据情况，适当选择一些既稳重大方，色泽款式上又比较清新的服饰。这样，既显得充满成熟的魅力，又显得焕发了青春活力。

由于教师的经济状况各有不同，因此，教师在着装上也应"量入为出"。

服装专家经过分析，将消费者的心理归纳为十类。

①实用型：此类消费者朴素实惠，对款式或色彩不太注意，对工艺质量要求较高，对面料要求结实坚固，不求高档。

②经济型：喜欢廉价服装，对服装潮流漠不关心。

③潮流型：自己没有主见，十分注重周围人的衣着，关心流行式样，追随时装潮流。

④自我型：追求华丽服饰，着重表现自身美，而不以流行为美。

⑤高档型：对时装面料十分注重，并不在乎价格，讲究名牌，色彩要求高雅。

⑥时髦型：堪称流行时装的先驱者，以怪、新为荣。

⑦先锋型：与众不同，穿着大胆、新奇。敢于穿别人不敢穿的服装，比时髦型还要快一个节拍，其穿着常常有惊人之举。

⑧保守型：穿惯了传统服装，民族观念很浓，常见于中、老年人群体。

⑨清高型：从不赶潮流，重端庄优雅而鄙视花哨炫耀，偏爱简洁高雅的时装。

⑩理智型：能巧妙地将服装的美观性、实用性、经济性统一起来。选择的服装往往既合潮流，也不落俗套，且价格适中，穿着大方，能合理地自我调节。

3.与所处环境协调

第一，教师着装要与社会大环境相协调。一定的社会环境，一定服饰的流行，不可避免地要影响到教师。教师也需要不断地接受并选择美的服饰。就是说，教师的着装应给人以时代感，要随着群体文化意识的变化而变化。就教师的教学环境而言，有的在城市，有的在农村，有的在少数民族聚居区……这就要求教师的着装应该“入乡随俗”，以能被群体所接受为宜。有这样一个例子：一位大学刚毕业分到农村中学去任教的女青年教师，由于不能入乡随俗，过分注重梳妆打扮，服饰艳丽夺目，频繁更换，使学生眼花缭乱，以至于议论纷纷，导致课堂纪律和教学效果很差。当地的老百姓也很看不惯，请求把这位“洋”教师调走，以免教坏了他们的孩子。由此看来，教师要善于理解群体文化意识，选择恰当的服饰。

第二，教师着装要与校园环境协调。学校的环境是整洁、严肃、活泼向上的。教师的衣着在整洁得体的基础上，也要随着具体的校园环境的变化而变化。课堂教学时的衣着应该整洁而高雅，劳动、游乐时的着装则应简便、轻盈。同样是课堂教学，不同学科的教师在着装上也应有差别。体育教师上室外课不可能西装革履。理化教师的实验课需要穿工作服。语文教师，在教《一月的哀思》这样基调悲痛的课文时，不宜穿得花花绿绿，而应以冷色调的服装与教学气氛相一致；而教《春》这样基调欢乐明快的课文，则可选式样新颖、色彩明丽的服装，使之与教学内容相协调。

第三，教师的着装要考虑受教育者的年龄、性格、知识、能力等因素。幼儿园或小学低年级教师，要针对孩子们天真烂漫、活泼好动的特点，选择一些色泽鲜艳、明快的服饰，给他们以美的熏陶。而面对小学高年级或中学生，教师的服装应朴素而典雅，以培养他们成熟的衣着行为，同时使他们受到思想情操方面的陶冶与启迪。大学生的世界观已基本形成，他们已具有较好的审美能力，因此，对大学教师的衣着服饰的要求则不那么严格。

总之，教师应该衣着整洁得体、仪表朴素大方，要求既能充分体现教师职业的特点和健康的审美情趣，又能反映教师热爱生活的精神风貌。教师着装对学生的心理、审美、行为有着较大的影响。所以，我们每一位教师都要按照教师职业的特点，注重个人衣着、仪容的修饰，给学生以美的熏陶和感染，从而有助于教育教学效果的提高。

魏书生对于班主任的着装只有两点要求：第一条，整洁。见到有的青年教师穿不整洁的衣服，他总要建议他去换洗。道理很简单，教师都要求学生做到衣着整洁。有的举出藤野先生的例子，说："他的衣着那么脏，不照旧受到鲁迅的尊敬吗?"不，此一时，彼一时，也许那时日本教师生活困难，不讲卫生的人多，学生见怪不怪。第二条，适度。最初，他提出教师服装应俭朴。他的一件蓝布上衣，样式是中山装，洗了一次又一次，颜色都已褪掉了。有的学生说："老师，衣服这么旧了，您常到各地去开会，也该换换了啊!"魏书生说："这样不是很俭朴吗?"学生反驳说："反正我们觉得不太好，时代不同了，俭朴过分，那是给咱国家降低威信。"仔细想想，学生说得有道理。社会发展了，时代进步了，人们的生活水平提高了，还总穿过去的旧衣服，显然不合时宜。学生的提醒使他逐渐转变了观念，觉得穿得太落伍，也有损教师的形象。于是他开始穿质量和样式好些的衣服，但他对穿奇特服装的教师仍看不惯。既然不允许学生穿奇特服装，教师怎么可以穿呢?

4.穿西服的基本要求

穿西装怎样体现身份，从专业上讲有3个要点。

(1)三色原则，全身的颜色限制在三种之内，三种颜色指的是三大色系。

(2)三一定律，鞋子、腰带和公文包要求一个颜色，一般以黑色为主。

(3)三大禁忌，穿西装不要出洋相。第一个禁忌是商标要拆掉。第二个禁忌是袜子的问题，袜子的色彩、质地要合适，正式场合不穿尼龙丝袜，不穿白色的袜子，袜子的颜色要与鞋子的颜色一致或以其他深色的袜子为佳。第三个禁忌是领带的打法出现问题，主要是质地和颜色的要求。穿非职业装和短袖装不打领带，穿夹克不打领带。领带的时尚打法：第一种是有个窝，这叫"男人的酒窝"。第二种是打领带不用领带夹，用领带夹的是穿职业装，因为在他们的领带上有职业标识，一看就知道他是做哪种职业的。打领带时还应注意领带的长度，领带的箭头以在皮带扣的上沿为宜。

5.着休闲装的基本要求

夏季气候炎热，人们的穿着十分简单，而且服装面料往往较薄，身体裸露部分较多。因此，女性在夏季着装上应特别注意以下5点，以免有伤大雅或令人难堪。

(1)忌衬裙过短。裙装一般要配上衬裙。有些人图凉快或省料，将衬裙做得很短，这样从外面看上去，一条裙子变成了“两截”，影响了服装的美感。比较恰当的衬裙应该只比外裙短3厘米左右。

(2)忌骑车时提裙角。女性穿着长裙独具魅力，但骑自行车时，却非常不方便。为此，一些穿长裙的女士骑自行车时便用双手提着裙角握着车把，殊不知，这样提着裙角骑车，如果迎风一吹就会露出大腿和内裤，有伤大雅，令人难堪。所以，骑车时最好不要穿长裙，不得已穿长裙骑车时，可用夹子夹住裙边，切勿提着裙角握车把，既不交全又不雅。

(3)忌穿裙时随便蹲坐。女士穿着裙装下蹲或坐立都要落落大方，应避免不良姿势，如蹲着时不要让裙角着地，坐着时应双腿并拢。注意不要撩起裙角，尤其是穿短裙时不要双腿分开，以免有失雅观。

(4)忌拉链不到位。女性的衬衫、裙子上安装的拉链，要注意经常检查是否拉到了合适的位置。特别是在上下车或穿行于拥挤的人群之后，拉链难免会下滑，使内衣外露，显得极不雅观，也不庄重。

(5)忌穿“三截”袜。长筒袜、连裤袜是女性的“腿部时装”。袜子的颜色要与裙装协调相配，而且袜口隐于裙子之中，以保持整体美感。袜子口露于裙子之外会造成袜一截、腿一截、裙一截，缺乏美感。

(三) 女教师的化妆要求

教师在工作时应适当化妆，实际上就是不仅要化妆，而且只宜选择淡妆这一形式。因此，有人将这一规定简洁地叫作“淡妆上岗”。淡妆的主要特征是简约、清丽、素雅，具有鲜明的立体感。它既要给人以深刻的印象，又不容许脂粉气十足。总的来说，就是要清淡而传神，其原则为自然、清新、优雅、整体协调。具体如下：

遵守常规性原则：化妆时，教师要遵守常规性的模式、规范与方法，要化符合教师身份特征的妆。

修饰避人原则：教师不能在公众场合化妆，如果在工作时当众化妆补妆，不仅不庄重，而且会使人觉得自己对待工作不用心。教师在使用化妆品时，要注意对不同化妆品熟练掌握。如香水的使用以少为宜，涂抹位置限于手腕、耳垂等易于挥发的部位。判断香水是否过量的标准是身上的香水味在 1 米以内被对方闻到，不为过量。若在 3 米以外，外人仍能闻到香水味，则肯定过量。

符合职业特点原则：教师是向学生传授知识的使者，因此必须使自己平易近人、有亲和力。体现在化妆方面，就是要求妆容朴实无华，宁淡而勿浓。否则就会给人以不稳重之感，让人怀疑其工作能力与工作态度。

平时在工作岗位上，女教师也可不化妆，给人以清新、自然的感觉和踏实、稳重的形象即可。在正式场合下，可以进行适当化妆，但要遵循“淡妆上岗”的原则，不过分突出性别特征，切不可浓妆艳抹引人注目，若参加一些重要的庆典、仪式和社交活动，尤其是参加外事活动时，为了表达对交往对象的尊重和对活动的重视，教师也可进行适当的化妆。例如：可以轻抹口红、淡描眉毛等，但总体仍以淡雅为主。

时间性原则：化妆要看时间、分场合。工作时间、公众场合只能化工作妆 (淡妆)。浓妆一般在晚上才可以用。外出旅游或参加运动时，不要化浓妆，否则在自然光下会显得很不自然。

弥补性原则：教师应该在正确认识自身条件的基础上，运用化妆技巧弥补缺陷，扬长避短。

每个人都有互不相同的身体条件，如年龄、身材、肤色、容貌等，因此化妆时，一定要有针对性和弥补性，如同样的部位，在不同人身上往往需要选择不同的化妆方法。如果不考虑身体条件的不同，而采用千篇一律的化妆方法，或者盲目仿效时下流行的化妆技巧，则往往会贻笑大方。例如，画眉时稍许上挑一些是颇能增加女人味的。但如果自己的眼睛有些下斜，则不宜在画眉时画得太上挑了，否则自己的下斜眼和上挑眉一对比，就更显得眼睛斜得厉害了。化妆是为了把自己最优秀的一面展示给他人，因此，在化妆时要扬长，更重要的是避短。例如，一些教师若有轻微体臭，可洒上一些香水以蔽之，但切不可喷洒过多过浓的香水，否则会使自己在学校中显得很另类。总之，在扬长避短时，都应当适度，否则会影响自己的职业形象。

协调性原则：化妆的目的不是追求局部的亮丽，而在于表现个人的整体美。因此，身体各部分的化妆需要协调统一、整体考虑。教师要体现出健康的体型、优美的仪容以及充满活力的精神面貌，就必须在化妆时遵循协调性原则。主要包括协调服饰、协调部位、协调环境3个方面。

(1)协调服饰。教师在化淡妆时，要考虑自己化妆的颜色与自己所穿着服饰的颜色相协调。另外，服装款式的不同也会需要不同的化妆方法。例如，身着一套牛仔装时，通常宜选厚实一点的妆容，而如果身着一套素雅的连衣裙，要给人以轻松之感时，则应选择清淡的妆容。

(2)协调部位。一个人化妆的效果，是各部位化妆后的整体显现。各个局部的化妆即使再成功，如果其相互之间难以协调在一起，那么该妆容也是失败的。

(3)化妆要与环境相宜。人们生活在不同的社会环境中，如家庭环境、工作环境、娱乐环境、社交环境等等。人们的衣着打扮，美容化妆只有与所处的特定环境、气氛相适宜，才会显得合群与和谐。白天，一个人若浓妆艳抹地走在大街上，会引来人们不解的目光。工作时，华丽的妆色、浓烈的香水味，会破坏紧张的工作气氛。化妆不但要适合所处的环境，还要符合大多数人的审美习惯，也就是我们常说的民族习惯，这样才能起到美化的效果。

他山之石

学会对别人说“对不起”

咳嗽、打喷嚏或打嗝时，应当转过头去，并用整只手捂住嘴巴（只用半只手可不行），然后应该说句“对不起”。

这看起来似乎太简单了，但令人吃惊的是，很多大人都没有这样教导过孩子。在现实生活中我也注意到，很多成年人在公共场合咳嗽、打喷嚏时也不用手捂嘴。在冬天和流行性感冒盛行期间，乘坐纽约的地铁是最让我痛恨的事，因为经常会有人站在我的背后，对着我的脖子咳嗽、打喷嚏。有一次，我看到一位女士的喷嚏打到了一位站在她旁边、比她矮的女士身上，就像一部慢动作的商业广告片——唾沫星子连同从她的鼻子、嘴巴里呼出来的热气形成了一层云雾，笼罩着她的脸。我当时暗想："真万幸！没有弄到我身上，这人正得流感呢。"

我告诉孩子们，还有一件重要的事，就是用手捂着嘴巴咳嗽、打喷嚏之后，应该马上洗手，否则就会把病菌传播给这只手碰到的人或东西。

为了帮助孩子们记住这个细节，我给他们讲了一个古老的传说。魔鬼的灵魂会趁你打喷嚏的时候钻进你的身体里，如果你没有把嘴捂住，鬼魂就会从嘴里进去，你要是捂住嘴，鬼魂就会被挡在外边。当别人打喷嚏时，我们会说："上帝保佑你！"德语为"Gesundheit"，意即"祝你健康"。两种表达方式的意思都是：如果你没有及时地捂住嘴，鬼魂就能钻进你的身体里。孩子喜欢对各种问题刨根问底，这样讲能帮他们主动注意这个细节。

二、仪态礼仪

讲礼堂

★贫而无谄，富而无骄。 ——子贡

★良心是由人的知识和全部生活方式来决定的。 ——马克思

★应该热心地致力于照道德行事，而不要空谈道德。 ——德谟克利特

★人在智慧上应当是明豁的，道德上应该是清白的，身体上应该是清洁的。 ——契诃夫

(一) 教师教态基本要求

教态——教师在课堂上的表情、姿态、动作，与课堂教学效果关系很大。一般有三忌。

一忌呆板枯燥。教师在课堂上不是一个简单的知识批发者和施舍者，课堂教学是教师运用教育教学艺术教书育人的过程。如果教师有良好的教态，就会增强潜移默化的教育效果。反之，教师在学生的心目中，动作呆板，神情失落，手足失措，就势必导致课堂气氛的沉闷、枯燥、死寂，自然干扰学生学习的情绪，降低学习的兴趣，影响学习的效果。

二忌严峻清冷。师生间爱护与尊敬的相互关系，建立在信任、理解的基础上。和谐、默契的课堂教学氛围，无疑会唤起学生学习的积极性和主动性，更是提高教育教学效果的必要条件。反之，教师在课堂上总是一幅冷若冰霜的面孔，使学生对教师望而生畏、敬而远之，以致形成师生间的心理隔阂。这种教态自然会降低教育效果。

三忌活泛失度。“教师的教学在于集中和保持学生的注意力。”一个有经验的教师，会把经过严格过滤或处理后形成的风趣、诙谐、洒脱的教学风格，融入教学的全过程，这自然会提高学生的课堂注意力。如果教师的教态带有随意性，出现了滑稽性的场面，使课堂失去应有的庄重与严肃，学生就会思无所从，哗然难止，真理与知识就会像浮萍一样随着这种气氛而被冲走。课堂教学应机动而不失分寸，活泛而不失严谨。

(二) 肢体语言艺术

1.教师的常用手势语

体态语，亦称态势语、人体示意语、非语言等。它指人体的动作变化所传递的信息或表现的意义。这里所说的体态语，指除语言文字以外的一切交际因素，包括手势语、目光、面部表情、姿态、服饰、空间距离、教态等。

课堂教学是信息传递与转化的过程。“言传身教”是这一过程的主要手段，对于有听力障碍的学生而言，“身教” (体态语) 在课堂教学中的意义不言而喻。据美国心理学家艾伯特·赫拉别恩的实验表明：信息的总效果=7%的文字+38%的音调+55%的面部表情。另外的一些实验统计也表明：体态语所传递的信息总量占总信息量的65%~93%。总之，体态语借助不同的手势、表情、动作等表现不同的态势造型，使讲授内容更加明确、有力、准确，有利于提高教学效率。

具有艺术水准的体态语应遵循以下基本原则。

(1)师生共鸣

在教学过程中，教师运用体态语的目的是为了使学生更深刻地掌握所学内容，这就要求教师在课堂中运用的体态语一定要为学生所理解和接受。一般来说，师生之间的体态语应适合于一定的文化背景，或适合于某一类群体，当然，教师也可以形成自己独特的表现方式，但必须让学生理解和掌握。

(2)最佳协调

首先，教学过程中言语和体态语这两大信息系统是相互结合的，因此教师要考虑这两者之间的最佳组合。其次，教师在课堂教学中运用多种体态语，如手、面、身等并用时，也应该实现最佳组合。最后，教师的体态语必须与课堂教学内容、课堂气氛、学生的实际相协调，以达到最佳状态。这就是说教师要视教学内容的不同感情、教学过程的不同环节和不同学生的具体情况选择和使用体态语。

(3)频度适当

教师使用体态语时要有所控制，既要防止体态语在同一时刻运用过多，种类变化过频，也要防止同一体态语反复出现，更不能随心所欲，矫揉造作。

2.教师常用的体态语

(1)手语

手语包括手指语和手势语，是聋哑人最基本的交际工具之一。在课堂教学过程中，手语和口语的结合不仅相辅相成达成教学目的，还可强调教学重点，增强口语的感染力和说服力，吸引学生的注意力。在教学中，运用手语要注意以下几点。

①要讲究手语的艺术

手语是聋哑人的主要语言，教师在课堂教学中使用手语就要讲究语言的艺术。教师使用手语要自然得体，美观大方，不可过于死板拘泥，扭扭捏捏，使人感到滑稽可笑。速度要不快不慢，频率适中，既要让学生看得懂，又要能吸引学生往下看。手语的位置要使学生能够看到 (一般在胸前)，幅度要得当，避免忽高忽低，过大或过小。总之，要求教师能熟练地掌握和使用手语。

②手语的使用要与授课内容相一致

课堂上使用手语的目的是为了配合所学内容的讲授，课堂上的手语必须要和有声语言的叙述、授课的内容相一致。如果出现了手语和口语不协调的“脱节”现象，势必会引起学生思维的混乱，影响教学效果。

③避免消极手势

教师的手语要发自内心，以下手势必须禁止：指点或用粉笔头掷学生、抠鼻子、搔痒痒、手插裤兜、敲桌子……这些手势不但对于增强授课效果无益，反而会严重干扰教学过程的正常进行。

(2)面部语

一般而言，课堂中的面部语可分为两类：常规面部语和变化面部语。常规面部语是对教师课堂教学面部表情的基本要求，要做到和蔼、亲切、热情、开朗。变化面部语是教师随教学内容的变化而变化的面部语，如随教学情境变化的面部语，或与学生发生情感共鸣而产生的表情变化等。

教学中运用面部语应注意：

面部语的使用必须和口语讲授一致。例如，在讲授《狼牙山五壮士》一文时，教师语言铿锵有力，面部表情却感觉无动于衷，或者语言十分严肃而面部却感觉嬉皮笑脸，学生就会“察言观色”，就难免会怀疑教师所讲的话是否发自内心，从而造成教学内容的可信度下降，削弱了教学效果。

(三) 教师坐姿、站姿要求

1.教师的坐姿

(1)头要端正

一般不要仰头、低头、歪头、扭头。整个头部看上去，应当成一条直线，和地面相垂直。在办公时可以低头看桌上的文件等物品，但在回答学生问题时，必须抬起头。在和学生交谈的时候，可以正面向着对方，或者面部侧向对方，不可以把头后部对着对方。

(2)上身直立

坐好后，身体也要端正。需要注意的是：

①倚靠椅背。倚靠座椅主要用以休息。在教室就座时，不应把上身完全倚靠在座椅的背部，最好不要倚靠。

②占用椅面。在课堂上，不要坐满椅面，最合乎礼节的是占椅面的 3/4 左右。

(3)手的摆放

①手放在双腿上。双手各自抚在一条大腿上，女教师也可以双手叠放在两条腿上，或者双手相握后放在双腿上。

②手臂放在身前桌子上。把双手平扶在桌子边沿，或是双手相握置于桌上，也可以把双手叠放在桌上。

③手臂放在椅子扶手上。当正身而坐时，要把双手分扶在两侧扶手上；当侧身而坐时，要把双手叠放或相握后放在一侧的扶手上。

(4)教师落座的方法

女教师在落座前应回视座椅，右腿退后半步 (视面部朝向而定)，待右小腿后部触到椅子后，方可轻轻坐下 (如着裙装，需同时整理好)。坐定后，膝盖并拢，腿可以放在身体正中或一侧。如果想跷腿，两腿需并紧。女教师若着短裙一定要小心盖住膝盖 (在讲台上需落座的女教师，不适合穿短裙)。男教师落座时，膝部可以分开一点，但不要超过肩宽，也不能两腿叉开，半躺在椅子上。

(5)不同场合的坐姿

①在比较轻松的场合，可以坐得比较舒展、自由。

②比较严肃的场合谈话时，适合正襟危坐。要求上体正直，落座在椅子的中部，双手放在桌上或将手放在扶手上。并膝，稍分小腿、小腿前后相错、左右相掖。

③女教师在社交场合，为了使坐姿优美，可以采用略侧向的坐姿，头和身子朝向对方，双膝并拢，两脚相并、相掖、一前一后都可以。在落座时，应把裙子理好，以免不雅。

④如对方是尊者、贵宾，坐姿要端正，坐到椅面的3/4处，身体稍向前倾，向对方表现出积极、重视的态度。

⑤与学生在办公室谈话时，上身微前倾，眼睛平视学生，面带微笑，让学生感到亲切、真诚。总之，教师优雅的坐姿，向学生传递着自信、友好、热情的信息，同时也显示出教师高雅、庄重的良好风范。

(6)教师坐姿禁忌

①双腿叉开过大。双腿如果叉开过大，不论大腿叉开还是小腿叉开，都非常不雅观，特别是身穿裙装的女教师更不要忽视这一点。

②架腿方式欠妥。坐后将双腿相架的正确方式：两条大腿相架、并拢。忌把一条小腿架在另一条大腿上，两腿之间留出大大的空隙，显得过于无礼。

③双腿直伸出去。这样既不雅观又妨碍别人，身前如果有桌子，双腿尽量不要伸到外面来。

④将腿放在桌椅上。为图舒服，把腿架在高处，甚至抬到身前的桌子或椅子上，这样的行为过于粗鲁，不允许把腿盘在座椅上。

⑤抖腿。坐下后，不停地抖动或摇晃腿部，不仅让人心烦意乱，也给人以不安稳的印象。

⑥脚尖指向学生。不管采用哪一种坐姿，都不要以脚尖指向学生，这种做法不仅缺乏礼数，而且侮辱学生人格。

⑦脚蹬踏他物。坐下后，脚部要放在地上，忌用脚乱蹬乱踩。

⑧用脚自脱鞋袜。在学生面前就座时，用脚自脱鞋袜，显然是不文明之举。

⑨手触摸脚部。就座以后用手抚摸小腿或脚部，既不卫生又不雅观。

⑩手乱放。就座后，不要单手、双手放在桌下，或是双肘支在面前的桌子上，或夹在两腿间。

⑪双手抱在腿上。双手抱腿，本是一种惬意、放松的休息姿势，在教室和办公室不宜如此。

⑫上身向前趴伏在讲台上。在教室中出现上身趴伏在讲台上的姿态，显得无精打采。

⑬仰靠椅背，翘起并摇动二郎腿，会给学生留下傲慢和随意的印象。

⑭漫不经心地手托下巴。

⑮懒散地坐在椅子上转身板书。

2.教师的站姿

站姿是教师在课堂中最重要的举止之一。在课堂上，教师不同的站立姿势，对学生的心理会产生不同的影响。

(1)正确的站姿

教师站姿的基本要求：端正、稳重、亲切、自然。

(2)男女老师的基本站姿

站立时，对男教师的要求是稳健，对女教师的要求则是优美。当男教师在站立时，一般应双脚平行，并要注意分开的幅度。这种幅度一般应当以不超过肩部为宜，最好间距为一脚之宽。要全身正直，双肩展开，头部抬起，双臂自然下垂伸直，双手贴放于大腿两侧，双脚不能动来动去。如果站立时间过久，可以将左脚或右脚并替后撤一步，使身体的重心落在另一只脚上。但是上身仍须直挺，伸出的脚不可伸得太远，双腿不可叉开过大，变换不可过于频繁。

当女教师在站立时，则应当挺胸、收颌，目视前方，双手自然下垂。叠放或相握于腹前，双腿基本并拢，不宜叉开，女士可以将重心置于某一脚上，双腿一直一斜，还有一种方法，即双腿脚跟并拢，脚尖分开，张开的脚尖大致相距 10 厘米，其张角约为 45 度，呈“V”形。女教师还要切记，千万不能正面面对他人双腿叉开而立。

学生回答问题时，教师身体微微前倾，这种姿势表明对学生说的话感兴趣，也表明教师的注意力都集中在学生身上，没有走神，增加了亲切感。

学生回答问题时，教师错误的站姿有两种：第一种是自己板书，背对学生，给学生一种不礼貌的感觉，学生也不能从教师的表情中判断自己的回答是否正确，是否需要继续回答。第二种是双手放在裤袋里或两手反在背后，一副师道尊严、居高临下的姿态，没有一点亲切感。

(3)课堂站姿的禁忌

①忌长时间手撑桌面。学生自习时，老师可以用手撑住桌沿，把重心移到某只脚，但不能长时间手撑桌面，免得学生认为您疲惫不堪，影响听课情绪。

②忌身体不稳。在擦黑板时，教师的站立要稳，不能全身猛烈抖动，左右摇晃，此举会破坏教师的课堂形象。

③忌位置固定不变。教师讲课的站位不能呆板地固定在一点上，应适当地移动位置，或到学生座位间进行巡视。

④忌侧身而站。心理学研究表明，侧身而站和面向黑板而站说明教师的心理是封闭的，不利于阐述教学内容，而且给学生留下缺乏修养的印象。

⑤忌站时重心移动太快。站时重心忽左忽右，显得信心不足、情绪紧张、焦虑。面对学生站稳，表明教师准备充足，有信心上好这堂课，有能力控制整个教学局面。

⑥忌远离课桌。站在讲台的前左角或前右角，“打游击”似的左右来回移动。

⑦忌教师把双手交叉抱在胸前或背在身后，这些动作会给学生一种傲慢的感觉。

⑧忌呆板。教师的站姿并非对所有学生都是一样的，如对于低年级的学生，为了亲近学生，更多时候需要走到学生中间，蹲下身来，摸摸她（他）的脑袋，夸她（他）的某些回答等。

他山之石

学会对别人礼貌的表情

不要撇嘴，嘴里发生“嗤”的声音，不要翻白眼，也不要表现出任何不尊重别人的态度。

这条规矩让我们节省了多少时间，避免了多少麻烦啊！我猜，在美国，大概没有一个人没被别人撇过嘴、翻过白眼。小孩，尤其是十几岁的孩子都喜欢这样，但是我能让这种行为在我们班消失。我告诉学生们这是个缺点，并给他们立了个规矩，然后我们班就杜绝了这种现象。到学校的第一天，我问班里有谁会撇嘴、翻白眼，有很多学生愿意表演。我让有的学生表演撇嘴，有的学生表演一边翻白眼一边上下打量别人，然后我再让他们把两个动作合起来做，全班几乎同时表演，当时的情景有趣极了！我还找了几个做得特别专业的孩子，表演梗脖子、打榧子。我对孩子们说，所有这些表现构成了对别人的不尊重。我告诉他们，这么做有时还会招致更严重的后果呢！保不准你一个字还没说，却已经惹麻烦上身了。

这次讨论之后，我们还进行了实景演练。我告诉一个学生，当我训斥她上课不专心听讲之后，她就应该撇嘴、翻白眼，然后我会让她把自己的名字写在黑板上。我们大伙儿一起做这个练习，于是每个学生都明白了，为什么她的名字上了黑板。

演练的这一周过得不错。一周以后我注意到，当一个孩子撇嘴、翻白眼，而我让他把名字写在黑板上时，我也没听到什么议论。通常情况下，如果一个孩子因为撇嘴、翻白眼受到惩罚，他肯定会像汽油浇进了火中一样，把嘴撇得更厉害，脖子也开始梗得前后摇晃起来，简直像挣脱桎梏，从地狱里跑出来的魔鬼。我要让孩子们知道，在我们班，轻微的撇嘴、翻白眼都是要受到惩罚的，我坚持这么做。

在哈莱姆，有一个女孩名叫莎米萨，她就爱撇嘴、翻白眼。如果为了什么事她不得不把自己的名字写在黑板上，“嗤”的一声马上就会从她嘴里冒出来，好像是自然而然的无意识行为，她根本就不知道自己做了什么。这个时候我就会说：“哎，在你的名字上再加上个勾。”这时，另外一个“嗤”又冒了出来，那么放学后她就要被留下来了。但即便如此，她也没生过气，因为她知道自己违反了纪律，她也清楚自己不应该那样做。

我第一年教书的时候教过一个小女孩儿，叫安托肯娜，她可是个厉害角色。她总把头发笔直地梳上去，在头顶挽个髻，她的眼睛就像核桃那么大。她在我们班个头最矮，但却有一种令人敬畏的气度，其他所有的同学都怕她，可能有些老师还怕她。她是个非常麻烦的小东西，其显著特点就是爱撇嘴、翻白眼。当时我对付孩子还是个新手，因此当她对我撇嘴、翻白眼时，我对她所做的唯一一件事就是：我用手把我所有的头发捋到头顶，像鱼一样噘着嘴唇，然后马上对着她翻白眼。也许这并非是解决问题的最好办法，但安托肯娜当时确实像石头一样地定住了，我也确实吸引了她的注意力。她呆呆地看了我一分钟，然后我笑了，她也笑了，接着我们就一起大笑起来。对付像安托肯娜这样的孩子，有时需要采取一些非常规的做法，先引起他们注意，然后再让他们照事先规定的要求去做。模仿这一招儿居然真的见效了，安托肯娜再也没有对我撇过嘴、翻过白眼。她大概意识到了，如果她再敢这样和我打交道的话，我会马上还击她的。

尽管这个法子对安托肯娜有效，但显然不是解决此类问题的最好办法。要让孩子们知道大人们对他们的姿势和态度的要求是什么，让他们知道应该尽量减少不良行为的发生频率，这才是让他们改正现有不良行为的最好办法。

第二节　教师的教学礼仪

一、课堂礼仪

讲礼堂

★强本而节用，则天不能贫。——荀况

★侈而惰者贫，力而俭者富。——韩非

★夫君子之行，静以修身，俭以养德，非淡泊无以明志，非宁静无以致远。——诸葛亮

★奢者狼藉俭者安，一凶一吉在眼前。——白居易

进教室前，应整理好上课用品，并整理好自己的仪表，将通信工具关闭或设置为震动状态。

上课预备铃响，教师应和蔼、微笑地走进教室，轻轻地摆放好上课用品，并观察、了解学生的上课准备情况。

上课铃响，教师从容地走上讲台，然后肃立。等学生起立问好，应亲切回礼："同学们好！"然后面带笑容，用温和的目光把全班同学环视一遍，用轻轻的手势示意"请坐"!

教师上课时应做到：

①微笑、和气、文雅、不恶语伤人，不将个人情绪带进课堂。

②用普通话教学，并多用敬语"请"和尊敬手势。如："请某某同学回答问题。"做手势时应：手指伸直并拢，手与前臂成一条直线，肘关节自然弯

曲，掌心向斜上方。禁用食指指向学生，这是对学生的不尊重。

③认真、耐心地倾听学生发言，中途最好不要插话，不要打断学生的思路。

④目光关注每一个学生，不挖苦讽刺学生，不侮辱学生人格，不对学生体罚或变相体罚。

⑤语气和语调应该友好、冷静、诚恳，对学生不能使用蔑视、讥笑、讨厌、憎恶的语气，不能对学生粗暴地大喊大叫。

⑥仪态举止优雅。不过多地来回走动，注意避免不雅举止。

⑦珍惜学生上课时间。不讲与课堂教学无关的内容，不长时间责备学生等。

⑧学生做练习时，教师应认真耐心地巡回辅导，关注每一个同学，不做与辅导无关的事。

⑨上课不迟到、不拖堂，切忌占用学生课间休息时间。

下课时，学生“起立”后，教师应点头致礼，并礼貌地与同学们道别。学生施礼时，切忌埋头收拾自己的东西或急匆匆离开教室。

他山之石

学会对别人说“谢谢”

我递给你东西的时候，你要说“谢谢”。如果你在接东西的三秒钟内没说，那我就把东西拿回来。既然你不尊重我，我也没必要对你客气。

我个人认为这一点很重要。记不清有多少次了，只要学生们没对我表示感谢，我就把东西从他们手中拿走。刚开始的时候，我把午餐或作业递给学生们时，他们忘了对我说“谢谢”，我就把东西拿回来，这种做法让他们很吃惊。我把东西拿回来时，他们还以为我在开玩笑。我会等几秒钟，再给他们一次机会。为了让这条规矩成为习惯，我必须强制推行，有时阻力确实很大。在一次社会学测验中，一名学生和其他四名学生都考了最高分，奖品是书。

那个女孩儿接到书的时候，高兴得跳了起来，班上其他的孩子立即指出她忘了说“谢谢”。于是我不得不把书从她的手上拿走。我当时心里很难过。可我既然定下了这条规矩，就不能出尔反尔，我不得不提醒自己要坚持。孩子们在这点上是理解我的，当我把东西从他们手上拿走的时候，他们几乎没有抱怨过我。他们知道这是一条规矩，我从它生效的第一天起就明确了这种做法的意识。

我最近和北卡罗来纳州一所高中的一位十二年级老师聊过一次，她走过来对我说她一直想见我。她说，每当她给学生发奖品时，一群男生总要说声“谢谢”。有一天，她问他们为什么这么有礼貌时，他们告诉她，这是他们五年级时的老师给他们立下的规矩。一个男孩曾回忆说，在他上五年级的时候，有一天，他得到了一根棒棒糖作为奖励。正当他满怀欣喜地刚要把糖放进嘴里时，克拉克先生就抢走了，因为他当时没说“谢谢”。然后克拉克先生就把棒棒糖放进自己的嘴里，咧着嘴，高兴地接着讲课去了。这件事留给他的印象非常深刻，他发誓以后再也不忘记说“谢谢”了。

在我的日常生活中，我总是尽量感谢与我打交道的所有人，包括售货员、服务员，为我开门的人，帮过我的朋友，或为我做了事情的任何人，不论大事还是小事。在哈莱姆的学校里，管理员经常在晚上换班的时候打扫宿舍。我每次走进我那整洁如新的房间时，都会有一种愉快的惊奇感，我会为他打扫得如此干净而感谢他好几遍。他总说这是他分内的工作，不值一提。但我敢说，他很在意这份赞赏，因为我发现我的房间被打扫得更勤了。

在纽约的时候，我每天乘地铁上班。每个星期一早晨对我来说都意味着要排长队买地铁票。在地铁站卖票的那位女士，嘴噘得活像含着一只柠檬。我很头疼每周早晨必须做的第一件事就是和她打交道。她永远不对任何人讲一个字，总是带着她那一脸怪相收钱，然后把票推给顾客。好吧，我打算让她对我好点。每周一早上我都对她说“早上好”，离开前说“谢谢你”，从不间断，但也从来没有得到过回应。我有时特想说：“对不起，你难道没有意识到你是世界上最没有礼貌的人吗?”几个星期后的一天，当我说了“谢谢你”之后，她回答说“不客气”。我简直快晕过去了！我当时已经离开了，排在我后边的人也走到了窗口，但我还是又跳了回来，问道：“你刚才说什么?”她吃惊地看着我，然后面带微笑对我说：“不客气。”从此以后，我每周一早上的地铁经历充满了快乐。

好了，试试吧，你也一定能像我星期一早上在地铁里那样，充满快乐！

二、听课礼仪

讲礼堂

★不念居安思危，戒奢以俭；斯以伐根而求木茂，塞源而欲流长也。 ——魏徵

★霸祖孤身取二江，子孙多以百城降。豪华尽出成功后，逸乐安知与祸双？ ——王安石

★侈则多欲。君子多欲则念慕富贵，枉道速祸。——司马光

★谁在平日节衣缩食，在穷困时就容易渡过难关；谁在富足时豪华奢侈，在穷困时就会死于饥寒。 ——萨迪

提前进入听课地点，做好听课准备，听课座位应选择在不影响上课的位置。

上课开始，应和学生一样和授课教师互致问候。听课时应安静专心，认真记录，不交头接耳、评头论足，不无故中途离场，不做与听课无关的事。

自由听课，但在上课前应取得授课老师同意，不要贸然闯进教室听课。

听课后，应主动向授课老师表示感谢。评课时，要精心准备发言提纲，充分肯定成绩，友善地提出问题，诚恳地进行交流讨论。

学会在课堂上不影响别人

上课时，你可以带瓶水放在桌子上，我讲课的时候，你不要问我能不能喝水。你甚至可以把食物拿到桌子上吃，只要不影响别人，也不要让我听到你吃东西的声音就行。

如果我们周围的环境很舒适，我们的表现就会好一些。想一想，你工作时会不会在身边放上一杯咖啡或其他什么饮品？你手边有没有糖？你看电视的时候会不会给自己准备一点零食？在我们触手可及的地方，放上一点令我们感觉放松的零食，是件很自然的事。

回顾我的整个学生时代，我的口袋里每天都必须装满糖。我都记不清有多少次，老师让我吐掉我正嚼着的口香糖，或扔掉那些糖了。我还记得，我刚上大学的时候有多么开心，因为只要我愿意，甚至可以带一块比萨饼和一杯饮料进教室。我觉得自己简直是快活似神仙，身边有吃的、有喝的，别提多舒服了。每次我到妈妈办公室的时候，总能看到她办公桌上有一瓶百事可乐和一盘点心。她告诉我，缺了这些她就没法工作。这倒提醒了我，因为在教室里，任何形式的食品、饮料或口香糖都是被禁止的。可能来自于严格班级的人会感到很奇怪，但事实上，学生们在教室里吃喝根本就影响不到我。我在哈莱姆教书的时候，有时我们教室特别热，孩子们总要时不时地问我他们能不能喝水。这都快把我逼疯了，但是我又不能为此而批评他们，因此我允许他们放一瓶水在课桌上，这样的话，孩子们就不会时而起立，时而坐下地在教室里来回穿梭了。

几年以前，我甚至允许孩子们上学时带食物来，但同时有几条附带的规矩。第一，打开包装的时候不得出声；第二，吃的时候不能出声；第三，在桌子周围不能掉碎屑或把没吃完的东西留在桌子里。孩子们特别高兴，因为他们喜欢桌子上有零食，而且，大部分孩子都能认真遵守这些规矩，但还是会有问题存在：有一个叫塔蔓达的女孩儿，她桌子上的各种食物总是多得要命，比如吃了一半的三明治、碎了的薯条、巧克力布丁、胶质软糖，以及任何你能想得到的食物，它们和所有的书本堆在一起，占据了整张桌子。让这个女孩保持课桌整洁实在太难了，最后，我不得不剥夺了她吃东西的权利。

谈到塔蔓达的桌子，似乎有讲不完的故事，我都能列出一整张单子。一天，科学老师斯考夫兰德太太要讲一堂有关食物颜料用途的课。当她讲完课的时候，发现一只装着绿色颜料的小容器不见了。我问有谁拿了，可是没有人举手。过了一会儿，我无意中回了一下头，却看见塔蔓达的脸完全变绿了！原来是她把瓶子藏在了她的课桌里。显然她在拿瓶子的时候沾得满手都是，自己却没意识到这点，后来她用手捂着脸休息，于是整张脸都被染成了绿色！我不动声色地继续发问："同学们，你们能确信你们中间没人拿走那只装着绿色颜料的瓶子吗?"还是没人举手，于是我继续讲课。过几分钟，我实在忍无可忍了，再次问道："塔蔓达，你确实不知道食物颜料瓶子在哪儿吗?"她答道："不知道，先生。"那语气听上去好像是我疯了，非冤枉是她拿的似的。我冷冷地说道："好了，塔蔓达，难道不是你拿了放在你桌子里的吗?看来你已经受到了足够多的惩罚了。"最后，她终于发现自己的脸都绿了，而我也知道是她拿了瓶子了。但这时全班有半数的学生都看见她的绿脸蛋了，我觉得她已经受到了足够多的惩罚。

三、评阅礼仪

讲礼堂

★善气迎人，亲如弟兄；恶气迎人，害于戈兵。——管仲

★天下有大勇者，卒然临之而不惊，无故加之而不怒。

——苏轼

★我们应该注意自己不用言语去伤害别的同志，但是，当别人用语言来伤害自己的时候，也应该受得起。

——刘少奇

★奢侈总是跟随着淫乱，淫乱总是跟随着奢侈。

——孟德斯鸠

批改作业应使用红色笔。

按照教学常规中各学科设置的作业要求，做到全批全阅。

批改符号原则上要求一致，圈画应规范，形成体系，一目了然。

教师应及时批阅每次作业，认真评分。

作业批改后应及时返还学生，并及时讲解订正，对错题多的学生要进行批评。

要多写启发性、鼓励性的批语，以激发学生的上进心。

教师的批改符号及批语书写要工整、规范。忌：反馈时间过长，校正措施不力，讽刺挖苦作业质量差的学生。

学会有条理地表达意思

你要尽最大的努力，让自己尽可能地有条理。

我给人留下的印象恐怕是这个世界上最没有条理的人了。我的办公桌有堆积如山的纸张、文件夹、书籍、餐巾纸，还有吃的东西——对，食物。有时我不小心碰一下桌子，桌子就像要塌了似的，吱吱呀呀乱响，引得旁边的孩子赶紧去扶桌腿。如果你和我以前的学生谈到这类事，他们肯定会告诉你，我那桌子上有一星期没倒的茶水、吃了一半的甜甜圈，还有很多杂七杂八的东西。但是，我敢保证他们还会告诉你，放在桌子上的每一件东西我都知道具体在哪儿，而且我想拿什么东西都可以在几秒钟之内拿到手。

如果你知道了我是多么邋遢的一个人，你就可以理解我对那些条理性差的学生为什么如此宽容了。但这种宽容还有一个附加条件——我告诉学生们，我对他们课桌里的东西堆成什么样可以不管，但是如果他们不能很快完成作业，记笔记或其他我布置的任务，我就会找他们的麻烦了。我在哈莱姆教过一个叫马文的学生，他根本不理会我关于条理方面的要求，但是不管我跟他要什么他都能手到擒来。在哈莱姆还有一个孩子叫舒芒德，他居然能“骑着马找马”。据我观察，他每次找东西时如此低能，都是因为他没有条理。我就干脆把他的桌子桌面朝下拎起来，把所有乱七八糟的东西抖在地上，然后让他把作业找到，却不允许他把东西放回课桌，因为那桌子对他而言根本就是个摆设。我的举动看起来有点过分，但的确很生动，能刻在孩子们的脑子里。从此以后，孩子们找不到东西的次数骤减。这么做不是因为我生气或想要侮辱他们，而是为了教育他们。当然，我需要跟学生们做足够的解释。

每年我都问我教过的学生，新老师对你们在班上的表现有哪些看法？我主要的目的是想了解我教过的孩子在哪些方面做得不错，哪些方面还有不足。这点有时很难做到，也令人难以启齿，因为你很难听到一个老师告诉你，你的学生什么方面没被训练好。如果你确实想成为一名更好的教师的话，我认为确实有必要这样做。除此之外，能听到下面的议论也是不错的。举个例子，过去有的老师曾经说过：“我能确切地说出来哪些是你教的学生，因为他们的写作技巧要比班上其他同学强得多。”听到这句话确实令我太高兴了，但学生们有一处弱项常常被老师们指出来，那就是条理性。这令我痛苦万分，因为我知道，要想让他们做到，我自己就得先做好。

一年夏天，为了帮助我的学生们变得更有条理，我决心做些改变。首先，我去商店买回了一套我希望孩子们人手一份的用具，包括一个能装下他们的笔记本的大书夹子，还有活页纸、钢笔和铅笔、100 页厚的笔记本，以及蜡笔、尺子、订书机等。我还买了一盒纸巾，我发现整年我都得不停地买纸巾，因为孩子们经常流鼻涕。为了给我自己省点钱，我把它加进了学生必备物品清单。我做的第二件事就是，把所有的物品放在我客厅的地板上，然后拍张照片。准备就绪后，我给孩子们写了封信并且附上照片，解释说这些物品是

他们下一学年必须要用的。他们在开学前三周就能接到我的清单，这样家长们可以有足够的时间去采购了。这确实是个好主意。我没发清单之前，学生们上学的第一天要带大量的东西，很多东西他们根本就不需要，我可不喜欢这样。因为又要开学了，又升了一级，孩子们（也包括家长）会很兴奋地置办许多东西，不管有没有用。我的学生家长收到我寄的照片和信以后，对我的做法大加赞赏。他们不用拼命地买许多东西了，同时也知道了我想让他们准备什么，更不会因为买了孩子们根本用不着的东西而浪费钱。

开学的第一天，几乎所有的学生都带来了所有我清单上列的物品。我发现所有的家长——不论他们的收入状况如何，都对孩子的学习用品非常重视。我会仔细检查全班每个人的每一件物品，并且告诉他们每件东西什么时候用，再在上面用标签做上标记。我给他们做示范，告诉他们怎样在日历上记下每天的家庭作业，以及被判过分的试卷存放在哪里等。在做过示范之后，他们成了我教过的班级中最有条理性的班级，这也让我轻松了许多。每当我想要孩子们的家庭作业时，他们都知道从哪儿拿，假如我想要他们的复习纸，他们能立马交上来。同样，每当我开家长会的时候，我能和家长一起检查每个孩子夹在书夹上的笔记本，能快速地找到任何东西，如计划表或我需要的试卷等。那一年我领悟到的重要一点就是，孩子其实是很喜欢被条理化的，他们喜欢我们这套技巧。做到条理化这套技巧不仅对他们的学习有用，对他们今后的职业生涯也是有好处的。

如果你从事教育行业的工作，那么我建议你，把你希望别人做到的事情尽最大可能地细节化。如果需要的话，可以拍照片，或给他们发宣传品，明确地告诉他们你想让他们做什么，或生产什么。通过给他们做示范，教他们如何做到有条理。根据我的切身体验，你永远也不能想当然地认为一名学生或其他任何人会知道怎么做到有条理，最好的做法就是把你的要求明确化、细化。

四、办公礼仪

讲礼堂

★道之以告德，齐之以礼。——《论语》

★礼貌是人类共处的金钥匙。——松苏内吉

★讲话气势汹汹，未必就是言之有理。——萨迪

★蜜蜂从花中啜蜜，离开时营营道谢。浮夸的蝴蝶却相信花是应该向他道谢的。——泰戈尔

办公用品齐摆放　做好值日是责任
门窗关闭要检查　环境优雅精神爽
电器操作讲规范　运用网络好帮手
教育学生讲方式　私人物件须收藏
卫生整洁益健康　财物安全有保障
备课充分重质量　节约水电不能忘
禁止聊天拒绝黄　循循善诱暖心房
接待家长应热情　真诚沟通效果良
专业成长齐努力　团结友爱传帮带
文明花开书香满　温馨和谐更向上

学会遵守课堂纪律秩序

我们必须遵守教室的纪律，有组织、有效率地完成任务。为了做到这一点，必须遵守如下规则。

1.未经许可，不得离开座位；除非你病了，才可以马上离开。

2.不得说话，除非：

A.你举手，我叫了你。

B.我问你问题，你要回答。

C.休息或午餐时间。

D.我特批的时候，例如小组活动需要沟通。

无论是家庭教师协会的会议，还是镇上的政务会或任何一次董事会议，每当我们分组讨论的时候，都会出现场面混乱，浪费时间的情况。大家乱说一气，缺乏组织，也没人能有效地控制现场的局面。当我和孩子们在一起的时候，我就试着教他们如何在小组中控制自己的言行，如何参与辩论和讨论问题，以及如何在小组中得体地发言。

我知道，关于不能说话或不得离开座位的规定看上去有点苛刻了，但如果你是和一群孩子在一起，他们缺乏自我约束，对讨论这种方式不够熟悉，而我又在努力地营造一种良好的班级环境时，一开始就尽可能地严格，并且把它作为这一年的一个进步的目标时，就显得十分有必要了。

新学年刚开始的时候，我不允许孩子们在没得到我同意的情况下站起来削铅笔。他们不能随便站起来，不能在教室里走动，除非举手并得到我的许可。到了11月左右，我会根据那一组学生的表现告诉他们，只要不是在我讲课的时候，他们可以不用经过我的批准站起来削铅笔。如果他们看到已经有别的同学在削铅笔了，就得先等一等，直到那名学生削完后坐下，他们才可以起立削自己的铅笔。当你读到这里时，你一定会发现，我们班绝没有条条框框，实际上，我认为我们班是一个真正充满乐趣和令人兴奋的地方。教室里经常会有一阵阵的混乱和吵闹声，但是我知道，如果我需要孩子们回到他们的任务上来，我所要做的就是说一个字，然后教室里就能完全安静下来。

我不允许孩子们随便说话的原因是，大多数人若不经过我的强制手段，是很难做到这一点的。也许是因为我教的孩子精力特别充沛，特别能折腾，或者是因为班级人数多的原因吧。在纽约，我们班的学生人数是37人。为了让各组专注于眼前的任务，我不得不剥夺他们说话的权利，除了在全班讨论，他们要提问或我让他们发言的时候。通常在几个月之后，我对这条规矩的执行会放松一点，这时教室里会不时地发出低语声，但还不至于失控。有朝一日，当你能用这个办法管理好一个小组时，你就可以搞些灵活多样的活动了。小组活动的时候，我们可以使用胶水、丝带、气球以及你能得到的任何道具，但是孩子们仍然会精力集中和有条不紊。我称之为“有组织的混乱”。我们不仅能顺利完成小组工作，还从中得到了很多乐趣，而越是有条理地进行，完成的事情就越多。如果你没在教室里立这些规矩，又想达到这类似的效果，那教室肯定要变成动物园了。

五、言行禁忌

讲礼堂

★礼者，人道之极也。 ——荀子

★礼貌使有礼貌的人喜悦，也使那些受人以礼貌相待的人们喜悦。 ——孟德斯鸠

★礼仪周全能息事宁人。 ——儒贝尔

★生命是短促的，然而尽管如此，人们还是有时间讲究礼仪。 ——爱默生

忌正常工作期间喝酒和课堂内吸烟。

忌课堂上使用手机等通信工具。

忌从事有偿家教或第二职业。

忌在校园内做打牌、下棋等与教学无关的私事。

忌带小孩上班及带外人入校影响工作。

忌体罚或变相体罚学生，或将学生赶出课堂、放任自流。

忌讽刺、挖苦、侮辱、歧视学生，伤害学生自尊心。

忌参加邪教组织或从事封建迷信活动。

忌空堂、拖堂、无教案授课及坐着授课。

忌让学生家长或学生代批作业。

忌校内穿拖鞋、短裤、背心，衣着不整、举止不雅。

忌在宿舍或夜间单独辅导学生。

忌利用学生办私事或让学生家长请吃请喝。

忌抬高自己、贬损他人、阳奉阴违，影响团结、影响工作。

忌考试弄虚作假，纵容学生作弊。

忌造谣、信谣、传谣，无中生有，激化矛盾。

忌随意进出游乐厅、歌舞厅、洗头城、洗浴城等场所。

忌工作期间上网聊天、看电视、玩游戏。

忌办公室内大声喧哗、高谈阔论、影响他人工作。

忌不思进取、得过且过、工作拖拉、误人子弟。

他山之石

学会主动与别人打招呼

要迅速记住全校老师的名字，在路上碰面时要主动问候他们，说些诸如“早上好，格雷厄姆太太”或者“下午好，奥尔蒂斯女士，你的衣服真漂亮”

之类的话。（注意：你和全班同学在一起排队时，不能和老师讲话，因为不许讲话的纪律依旧生效。在你刚进学校或要离开学校的时候遇见老师，都应该和他们打招呼。）

当有人跟我说他们不知道他们邻居的名字，也不能说出他们身边所有同事的名字时，我都会感到很吃惊。很多人不去主动问候别人，并进行自我介绍，这可不大好，特别当单位来了新同事，社区搬进新邻居的时候。我希望我的学生们进入社会后，能主动了解他们周围的同事或邻居，特别是当别人刚刚进入一个新的环境时，能为他们创造一个令他们感到舒适和受欢迎的氛围。他们应该记住周围人的名字，并努力做到善意、有礼貌地对待别人。这样的话，就可以创造一个更适合、更令人愉快的生活和工作环境，他们在这样的环境中也会更加快乐。

在所有我参观过的全国的学校当中，我觉得更能令人感到宾至如归的，通常是规模较小一点的学校。在那里，所有的老师都认识所有的学生，反之亦然。很多老师都觉得，要想创造成功的教学环境，就要把学校的规模变小。对此，我倒认为没有必要。我访问过一些人数在1000名学生以上的颇具规模的学校，他们的资金比较充裕，每间教室的学生数均少于22人。然而在那些学校，孩子们好像都钻进地缝里消失了，他们的个性也被淹没了。在斯诺登小学，有一段时间每个班的人数都超过了30人，但是我们仍然保持了在家里的感觉，因为在同一个屋檐底下，我们都彼此认识，彼此相互信任。我想关键问题不在于班里有多少个孩子，而在于学校能否创造一种让孩子们感到自在和开心的氛围。

当我去哈莱姆教书的时候，我感到那种建立起来的信任和舒适感是问题的关键。校长助理卡斯蒂略夫人，她在老师和同学们心目中扮演了一个母亲的角色，她凭借她超凡的个人魅力，赢得了大伙儿的爱戴，她不仅知道每个人的名字，而且对每个人都特别亲切。在哈莱姆，还有很多已经任教四五年的老师，学生们也很尊敬和爱戴他们。每年这所学校都会出现很多新的面孔。我来学校的第一个星期，这里一共来了10位新教师。两个星期以后走了5位，又增加了5位。这新增的5位中，很快有3位走了，然后又新来了3位，所有这一切都发生在圣诞节前。这使合同很难签订，也很难让学校成为一个完整的集体。因此，我要求孩子们记住学校里每个老师的名字，以帮助制造团结的氛围。我感到，孩子们知道学校里的人越多，他们就会感到越舒适，而且学校里的成年人越多，就会有更多的人在他们出现问题和需要帮助的时候及时出现。

此外，作为一名教师，当学生们知道你的名字并且跟你打招呼、聊天时，那种感觉也挺美妙的。试想，一位新老师第一次走进学校，他或是她很可能会因为进入一个新的环境而感到紧张，并且会为孩子们是否喜欢自己而担心。在大多数学校里，老师们会举行一个欢迎仪式来欢迎新成员，但是我想，如果让孩子们给他们以热烈的欢迎的话，效果一定会更好。

第三节　教师的语言礼仪

一、课堂语言

讲礼堂

★安上治民，莫善于礼。　——《孝经》

★如果把礼仪看得比月亮还高，结果就会失去人与人真诚的信任。　——培根

★举行盛大的葬礼，与其说是向死者志哀，不如说是为了满足生者的虚荣。　——拉罗什富科

★在人与人的交往中，礼仪越周到越保险。　——[英] 托·卡莱尔

（一）忌“一言堂”

对话是交流的基础，有对话才有交流，有交流才能产生情感。课堂是师生双边活动的场所，不是教师独领风骚的舞台。因此，教师在课堂上要根据授课内容启发学生理出学习思路，独立思考；摸索学习方法，自主学习；与同学谈论交流，从而排除思想顾虑。教师在认真倾听学生的发言后，要及时评价，触动学生学习的动机，激发他们学习的热情，使他们能围绕学习内容，有多种不同的见解，并得到正确的个性化理解。因为，教师的激情评价、点拨，不仅有利于师生之间的语言交流，也有利于师生之间心与心的碰撞和感情距离的缩小。

（二）忌狭隘偏激

宽容是春天的一缕清风，是冬夜里跳动的火苗。学生是生命的个体，由于每个学生受教育的环境和认知水平不一致，因此，他们对问题的理解和对事物的看法也是有差异的。面对这些“差异”，教师若是疾言厉色地对待学生，缺少“春天般的温暖”，学生就会对老师敬而远之，就会对学习中的问题不再发表自己的见解。所以，教师不能用统一的标准去判定学生的答案。正确的做法是：面对学生认识的不一致、观念的分歧、思想的碰撞，教师要给予充足的时间，让他们分别表明自己的立场，阐述自己的理由，陈述自己的意见。当学生正在发言时，教师千万不能急切地打断，或是把自己的观点强加于学生，或过早地下结论。因为这样就会给学生留下狭隘偏激的印象，使课堂交流无法进行下去。教师只有宽容大度，才能使学生增强信心，从而赢得学生的心。

（三）忌自我炫耀

教师先于学生步入社会，肯定有很多值得自豪的地方。如果教师适当地拿自己现身说法，启发学生努力学习是完全可以理解的，但经常用自己的亮点来反衬学生，就会给学生留下自我炫耀的印象，让学生产生反感情绪。每个学生都有独立的人格。他们既有强烈的表现欲望，又有被发现、被承认、被赞赏的内在心理需求。教师在课堂上如果只顾自己进入自我陶醉状态，轻视学生的反应，效果肯定是不好的。明智的做法是：教师运用激情的手段去调动学生的学习兴趣，让他们积极投入到学习中去，并引导他们在学习中自

由展示、自由发挥。教师对学生的学习活动要及时进行肯定和赞扬，特别是在每一次进步后。这样学生就有一种被特别关注的感觉，他们会越来越有信心参加学习活动。

（四）忌挖苦谩骂

教师教学要认真。谈吐要文雅，口气应亲切，不讽刺、挖苦、谩骂学生。有时，在学生的评教中会看到这样的文字："请XX老师以后不要讽刺、挖苦我们，我们不是木头，我们是真的不会。"在课堂上经常会听到"不会""不知道""忘了"等词。遇到这样的情况应有不同的处理方法，不要让学生看轻了你，更不要降低了你的人格。作为一名教师，特别是年轻教师，要注意到自己的课堂教学语言，在听研讨课的时候也要学习别人优秀的课堂教学语言。在别人提出问题的时候，要能够真正从内心认识到，并且下功夫去加以解决，课堂无小事。

他山之石

学会尊敬被批评的同学

在学校里，如果某位老师在对一名学生说话，或在教训他，不要盯着这名学生看。假如你处在麻烦中，或者遭到了批评，你一定也不想让其他人看着你，所以在这种情况下，切勿盯着别人。如果我正对你说话，这时有其他同学看你，你也不要生气或对别人大惊小怪的，我自会处理的。

这条规矩是因为朱莉娅·琼斯才应运而生的，朱莉娅的自觉性比较差，你不说的事，她就不做。每当我教训她的时候，只要有其他的同学看她，麻烦事就来了，她会对他们又打又骂，敌对情绪特别明显。我意识到我要不惜一切代价制止这类事情再发生了。我跟同学们说，我在批评其他同学的时候，他们不能盯着看，而应该低着头，或者目视前方。这条规矩不光对朱莉娅有用，对其他同学也都很见效。试想，你因超速行驶被警察叫到了一边，你下了车正跟警察说话的时候，每个过往的人都盯着你看，这种感觉可真不怎么样，只会使事情变得更糟糕。芭芭拉·琼斯是我在北卡罗来纳工作时的同事，她说起自己最尴尬的遭遇，就是开车被警察拦下来时，学校的班车正好从她的身边经过，她的学生会冲她做鬼脸，并对着她指指点点的。还有另一种情况是，每个人都知道你身陷麻烦，并且看着你受罚。在学校，孩子们犯错误是不可避免的，也一定会有受罚的时候。为了避免尴尬和因公开展示而引起的愤怒，我要保证孩子们理解和遵守这个规矩。我还要确保孩子们知道，当我严厉地批评一个学生时，有谁盯着这名学生看，那么，盯着他看的这个人也要受到惩罚。

二、与学生交谈礼仪

讲礼堂

★礼，经国家，定社稷，序民人，利后嗣。 ——《左传》

★人间的面孔从未像在葬礼中看上去那么世俗。

——乔·艾琪渥斯

★一个人如果在街上注意观察的活动，我相信，他一定会在灵车上发现最愉快的表情。 ——乔·斯威夫特

★人们最看重的是特权，哪怕是主持葬礼的特权。

——詹·拉·洛威尔

跟学生谈话既是一项工作，又是一种礼仪。教师找学生谈话，是一件非常重要的工作，教师可以及时地了解学生的思想动向，把握学生的学习生活等情况。在生活中，很多年轻教师不能准确把握与学生谈话的分寸，导致自

己的谈话失败，或者给自己惹来一些麻烦，让人烦恼。不论是老教师还是新教师，在与学生谈话的时候，都要把握一个分寸的问题，做到以下几点。

首先要搞清楚学生学习的目的和学习的动机是否正确。假如一个学生连这方面的东西都错了，你再跟他谈如何提高学习的成绩，如何努力都是枉然，教师只有在弄明白了学生这方面的方向没有错的情况下，再对学生进行教育。如果孩子的学习目的不正确，教师要及时地教育、帮助学生调整学习目的。

和学生谈话要注意场合。一般情况下学生的自尊心都是比较强的，没有一个学生没有自尊心。在很多老师一起办公的场所教育学生，和自己单独与学生谈话相比，后者效果就要好得多，学生没有什么抵触情绪。你要是不注意场合，不注意时间，随便批评学生，你的谈话就是失败的。再就是要注意与学生谈话的时间，一般情况下应该安排在课间的空隙。注意与异性的学生谈话还要注意把握分寸，不能想怎么说就怎么说，什么也不顾及，那是非常错误的。

与学生谈话要注意方式和方法，要对学生的闪光点进行充分肯定和表扬，尊重学生同样也会换来学生对教师的尊敬。学生只有接受了教师才愿意向其倾诉自己的思想状况和学习情况。

学会用电话咨询事情

如果你对家庭作业有不明白的地方，可以给我打电话。如果电话没人接，你可以用以下方式给我留言：“你好，克拉克先生，我是……我的家庭作业中的……方面有疑问，请您在……点钟之前给我回电话。谢谢！”这个留言说一遍就行了，不用再打第二遍。

在当今社会的商业活动中，有一点至关重要，就是让你的客户在任何时间都能找到你。如果客户在需要和你讨论有关问题，或需要你帮助的时候，无论什么时间都能联系到你，那么他们心里就会觉得特别踏实。为了成功，你必须让别人更容易联系上你。我把这种态度也带进了我们班，把我的电话号码给了学生们。对此我并不在乎，尽管有很多老师不愿意这么做，我觉得也无可厚非。如果家里的电话响个不停的话，也确实挺招人烦的。然而实际情况却远没有这么糟糕，因为大多数学生不会给你打电话。但是我想这样会让他们感觉良好，因为他们知道自己在需要你的时候，就能找到你。这给了他们一种安全感，同时也向他们表明，在他们需要我的时候，我愿意把我的私人时间奉献给他们。我还花了些时间向学生们解释，在什么情况下不可以打电话。我跟他们说，如果他们问我留了什么家庭作业，那可不行。他们应该在班里就记好了当天的作业内容，如果实在没记下来，可以给其他同学打电话。如果他们打给我，我同样会告诉他们，但是第二天他们就必须吃一顿寂寞午餐，所有的休息时间都将被取消。

所谓合适的电话，就是就作业中的疑难问题向我询问。一般情况下，一个超过 30 名学生的班级，每个人的每个问题在课堂上都能解决掉，是不现实的，而且，好多孩子在其他同学面前不愿意承认自己需要帮助。把我的电话号码留给学生们，这对于那些白天有问题没搞懂又不好意思问的同学来说，是个帮助他们的机会。在哈莱姆有个叫玛丽亚的女孩儿，她在班上的时候特别安静和害羞，她从没举过手，更不会主动表示自己哪里没听懂了。每天晚上她都会给我打电话，我们往往会就家庭作业中的有关问题说上 5 分钟。通常情况下，她需要我多做点解释。对玛丽亚这样的孩子来说，这样做的结果是使她在中学阶段过得完全不同，不仅是在学习上。我知道她并不孤单，在她需要帮助的时候，至少还有我在。

对于那些担心电话被打爆了的老师，我的体会是：我每天的电话很少超过一个。另外，重要的是我已经把自己的电话号码给了他们，这样就没有哪个孩子告诉我，他们没完成家庭作业的理由是他们没弄懂了。我不给他们这个机会，因为他们本可以打电话给我。

三、与家长沟通礼仪

讲礼堂

★礼以行义，义以生利，利民，政之大节也。——《左传》

★礼貌是儿童与青年所应该特别小心地养成习惯的第一件大事。

——约翰·洛克

★人有礼则安，无礼则危。——《礼记》

★没有礼貌的人，就像没有窗户的房屋。

——维吾尔族谚语

教师接待家长，跟家长打电话，虽然形式不同，但目的非常明确，就是需要家长的支持和配合，既然有求于家长，就不能有丝毫的不逊之态。世界上没有一个人，被别人训了，还积极地来帮他，这是人之常情。既然大多数人都遵守这个"常情"，教师就顺应这个"常情"去开展工作，与家长一道切磋，许多问题就容易得到解决。

尊重家长与换位思考，不是两个新概念，教师对家长要心存感激，愿意为家长做事，而且是心甘情愿的。所以在接待家长时就应本着一个中心，站在家长的立场去对话、交流，把自己看成是一个家长。随着教育观念不断转变，教师和家长都强烈意识到，要让学生健康地成长，只有学校教育和家庭教育紧密配合，教育才会有针对性和连贯性，学生才能不断进步。而家长能否积极参与学校教育，在很大程度上取决于教师的态度及与家长交往的能力和技巧。

（一）要尊重家长

家长和教师在教育学生问题上是完全平等的，“尊重”是教师与家长沟通的前提。

尊重首先表现为平等、公正地对待每一位家长。教师绝不能因学生的学习成绩、家庭经济条件及对教师态度等因素将家长分为三六九等，教师对所有家长要一视同仁。

尊重表现为接待家长要亲切热情、礼貌待人。家长来校交流时，要注意营造轻松愉快的气氛，让家长坐下，倒杯水，是最起码的礼节。

尊重表现为教师与家长约谈要有目的、有准备、有计划地进行。无论是教师家访还是家长校访，都要预约好时间，思考好谈话内容和方法，为交流做好充分的准备。

（二）谈话要注意分寸

家长都是有自尊心的，对自己的子女也是偏爱的，因此对学生的评价一定要客观、公正。既要肯定优点与进步，也要真诚地指出不足。指出学生的过错必须注意场合和方式，如果与家长很熟悉，可以说得直率一些，否则说话要委婉。有些家长自尊心强，把学生的缺点视为对自己的批评，会感到有压力，这样容易伤害家长的自尊心，甚至造成双方的对立，不利于对学生进行教育。与家长交谈时尽量不要随意将其子女与别的学生进行比较，因为这样做会使家长产生疑问，不知教师在别人面前怎样说自己的孩子。

交谈时，教师切勿以专家自居。不要用居高临下的态度教训家长，不要老是说“你必须怎样”“你应该怎样”，更不能责怪家长，要多倾听家长的话。教师提出一些建议和措施时，宜采用商量的口吻，并征求家长的意见。

（三）交流时要多“倾听”

任何教师，无论他具有多么丰富的实践经验和深厚的理论水平，都不可能把复杂的教育工作做得十全十美。家长与学生朝夕相处，对自己孩子的性格特点、兴趣爱好了如指掌，所以家长有时比教师更容易发现学生学习过程中的问题。教师能虚心听取来自家长的意见和建议，甚至是个别家长因误解、偏见而对教师的指责，既是衡量一个教师素质和修养的标准，又是教师能否密切和家长的联系、取得家长的支持与配合的关键。因此，教师要放下“教育权威”的架子，经常向家长征求意见，虚心听取他们的批评和建议，以改进自己的工作。一个成功的教师，必定是虚心听取并接受家长意见和建议的教师。

(四) 家访或校访的时机要适当

许多教师总是在学生成绩退步或者犯了错误或者思想上有了问题时才约见家长，这是比较片面和被动的。

如果在学生生病或在家庭遇到困难时教师适时出现，一声亲切的问候，一个关爱的眼神，就会引起学生和家长内心的感动，师生之间、教师和家长之间的关系就会在无形中拉近，教师、家长、学生之间的交流和沟通会变得很简单，效果自然会更好。

当学生在某些方面有了成绩时，教师更要及时与家长联系和沟通，这是和家长融洽关系和教育学生的最佳时机，在这样的背景下去教育和鼓励学生，会对学生的成绩和品德产生更积极的影响和作用。

(五) 方式要创新

家访、校访、电话联系等常用的交流方式固然有它的优势，但已经不太适应新的形势了。因为现在许多学生家长都在外地工作，照顾子女学习的往往是爷爷奶奶。因此许多学校都开通了“家校通”，这为教师和家长的联系提供了便利。另外，在网络上写“博客”已成为人们喜爱的一种交流方式。教师大多数也开通了网络博客，如果在其上发布教学及学生的各类信息，开辟课程辅导、家庭教育等栏目，将是与学生家长及时沟通的一种新方式。家长有意见和想法也可以“直抒已见”，避免了当面交谈的尴尬，极大程度地丰富了交流的内容。

学校与家庭联合教育中，只有教师与家长架起一座沟通的桥梁，建立起和谐、密切的联系，赢得家长的尊重、理解和合作，才能使学校教育与家庭教育相互融通。形成“合力”和“向心力”，才能更好地促进学生健康成长和全面发展。

学会礼貌地坐公交车

当我们乘坐公共汽车时，要始终面朝前方。我们不应该左顾右盼地与其他人说话，也不能往窗外扔任何东西，或离开自己的座位。当我们下车时，任何时候都要记得感谢司机，并祝他一天开心。

假如我不需要亲自为学生驾车的话，这一条对我来说也许并不重要，但它确实是件令司机大伤脑筋的事。操纵一个庞大的家伙就够不容易的了，几十条小命还攥在你的手心里，那份压力就别提了。最后，你的注意力还需要随时面对30个孩子的尖叫声的考验，这会使你开起车来要多难有多难。

我看到也曾听到过很多可怕的事，就是孩子们往车窗外扔东西，砸碎了别的车辆的挡风玻璃。我还听说有的学生在车上打架，司机因为害怕卷入而不敢阻止他们。还有很多时候，孩子们往司机身上扔东西，目的是让司机突然转向，把车驶离公路。我就知道有一个老师的女儿，她被人怂恿，朝后车窗外一辆小轿车里的司机抛媚眼，而那辆小轿车的司机恰恰是她的校长。我的天哪！

学校的公共汽车是个异常混乱的地方，而令我最为担心的是，所有这些混乱的行为最终将分散司机的注意力，从而引起事故。我不想将我的孩子们置于这种处境中。我尽自己最大的努力向学生们强调保持车厢安静的重要性，他们必须安静地坐好，可以看书，或和朋友小声地说话。我告诉他们要避免引起其他同学的注意，不得站起来，转来转去或做其他任何可能引起混乱的事。

我还告诉同学们，不仅在公共汽车上，在出租车、飞机或其他任何交通工具上，都要保持这种好的习惯。出于为司机和其他乘客考虑，要尽可能地不出声，不要引起任何骚动。在任何情况下，都要感谢司机，并祝他一天愉快。

四、社会交往礼仪

讲礼堂

★礼义廉耻，国之四维，四维不张，国乃灭亡。　——管子

★衣食以厚民生，礼义以养其心。　——许衡

★礼仪是在他的一切别种美德之上加上一层藻饰，使它们对他具有效用，去为他获得一切和他接近的人的尊重与好感。　——洛克

★礼义生于富足，盗窃起于贫穷。　——王符

（一）称呼的习惯

称呼，一般是指人们在交往应酬中彼此之间所采用的称谓语。选择正确的、适当的称呼，既反映着自身的教养，又体现着对他人的重视程度，有时甚至还体现着双方关系所发展到的具体程度。

教师在正式场合所使用的称呼，主要应注意如下两点。

1.称呼正规

在工作岗位上，人们所使用的称呼自有其特殊性。下面五种称呼方式，是可以广泛采用的。

(1)称呼行政职务。在人际交往中，尤其是在对外界的交往中，此类称呼最为常用。意在表示交往双方身份有别。如李书记、陈校长。

(2)称呼技术职称。对于具有技术职称者，特别是具有高、中级技术职称者，在工作中可直称其技术职称，以示对其敬意有加。如高教授。

(3)称呼职业名称。一般来说，直接称呼被称呼者的职业名称，往往都是

可行的。如朱老师、顾老师。

(4)称呼通行尊称。通行尊称，也称为泛尊称，它通常适用于各类被称呼者。诸如“同志”“先生”“女士”等，都属于通行尊称。不过，其具体适用对象也存在差别。

(5) 称呼对方姓名。称呼同事、熟人，可以直接称呼其姓名，以示关系亲近。但对尊长、外人，显然不可如此。

2.称呼四忌

以下四种错误称呼，都是教师平日不宜采用的。

(1)庸俗的称呼。假如在正式场合采用低级庸俗的称呼，既失礼又失自己身份。

(2)他人的绰号。在任何情况下，当面以绰号称呼他人，都是不尊重对方的表现。

(3)地域性称呼。诸如“师傅”“小鬼”等，具有地域性特征的称呼不宜不分对象地滥用。

(4)简化性称呼。在正式场合，有不少称呼不宜随意简化。例如，把“张校长”“范局长”称为“张校”“范局”，就显得不伦不类，又不礼貌。

(二) 问候的用法

问候，亦称问好、打招呼。一般而言，它是人们与他人相见时用语言向对方进行致意的一种方式。通常认为，一个人在接触他人时，假定不主动问候对方，或者对对方的问候不予以回应，便是十分失礼的。

在有必要问候他人时，教师主要需要在问候的次序、问候的态度、问候的内容三个方面加以注意。

1.问候次序

在正式会面时，宾主之间的问候，在具体的次序上有一定的讲究。

(1) 一个人问候另一个人。一个人与另外一个人之间的问候，通常应为“位低者先行”，即双方之间身份较低者首先问候身份较高者，才是适当的。

(2)一个人问候多人。一个人有必要问候多个人时，既可以笼统地加以问候，也可以逐个加以问候。当一个人逐一问候许多人时，既可以由尊而卑、由长而幼地依次进行，也可以由近而远地依次进行。

2.问候态度

问候是敬意的一种表现。当问候他人时，在具体态度上需要注意四点。

(1)主动。问候他人，应该积极、主动。当他人首先问候自己之后，应立即予以回应。

(2)热情。在问候他人时，通常应表现得热情而友好。毫无表情，或者表情冷漠，都是应当避免的。

(3)自然。问候他人时的主动、热情的态度，必须表现得自然而大方。矫揉造作、神态夸张，或者扭扭捏捏，都不会给他人以好的印象。

(4)专注。教师在对其交往对象进行问候时，应当面含笑意，以双目注视对方的两眼，以示口到、眼到、意到，专心致志。

3.问候内容

问候他人，在具体内容上大致有两种形式，它们各有自己适用的不同范围。

(1)直接式。所谓直接式问候，就是直截了当地以问好作为问候的主要内容。它适用于正式的人际交往，尤其是宾主双方初次相见。

(2)间接式。所谓间接式问候，就是以某些约定俗成的问候语，或者在当时条件下可以引起的话题，诸如“忙什么呢”“您去哪里”，来替代直接式问好。它主要适用于非正式交往，尤其是经常见面的熟人之间。

(三) 介绍的艺术

在人际交往中，特别在人与人之间的初次交往中，介绍是一种最基本、最常规的沟通方式，同时也是人与人之间相互沟通的出发点。

在日常工作与生活里，教师所应掌握的介绍主要有如下三种形式。

1.介绍自己

介绍自己，又称自我介绍。它指的是由本人担任介绍人，自己把自己介绍给别人。在介绍自己时，通常有如下三点注意事项。

(1)内容要真实。介绍自己时所具体表述的各项内容，应当实事求是，真实无欺。介绍自己时，既没有必要自吹自擂，吹牛撒谎，也没有必要过分自谦，遮遮掩掩。

(2)时间要简短。在介绍自己时，理当有意识地抓住重点，言简意赅，努力节省时间。一般而言，介绍自己所用的时间以半分钟左右为佳。若无特殊原因，是不宜超过1分钟的。

(3)形式要标准。就形式而论，所适用的自我介绍主要分为两种。形式之一，是应酬型的自我介绍。它仅含本人姓名这一项内容，主要适用于面对泛泛之交、不愿深交者。形式之二，是公务型的自我介绍。它通常由本人的单位、部门、职务、姓名等几项内容所构成，并且往往不可缺其一。它主要适用于正式的因公交往。

2.介绍他人

介绍他人，亦称第三者介绍，它是指经第三者为彼此之间互不相识的双方所进行的介绍。

从礼仪上来讲，介绍他人时，最重要的是被介绍双方的先后顺序。也就是说，在介绍他人时，介绍者具体应当先介绍谁、后介绍谁，是要十分注意的。

标准的做法，是“尊者居后”。即为他人做介绍时，先要具体分析一下被介绍双方身份的高低，应首先介绍身份低者，然后介绍身份高者。具体而言：介绍女士与男士相识时，应当先介绍男士，后介绍女士。介绍长辈与晚辈相识时，应当先介绍晚辈，后介绍长辈。介绍外人与家人相识时，应当先介绍家人，后介绍外人。介绍客人与主人相识时，应当先介绍主人，后介绍客人。介绍上司与下级相识时，应当先介绍下级，后介绍上司。

3.介绍集体

介绍集体，实际上是介绍他人的一种特殊情况。它是指被介绍的一方或者双方不止一人的情况。介绍集体时，被介绍双方的先后顺序依旧至关重要。

具体来说，介绍集体又可分为两种基本形式。

(1)单向式。当被介绍的双方一方为一个人，另一方为由多个人组成的集体时。往往可以只把个人介绍给集体，而不必再向个人介绍集体。这就是介绍集体的所谓单向式。

(2)双向式。介绍集体的所谓双向式，是指被介绍的双方皆为一个由多人所组成的集体。在具体进行介绍时，双方的全体人员均应被正式介绍。在交往中，此种情况比较多见。它的常规做法，是应由主方负责人首先出面，依

照主方在场者具体职务的高低，自高而低地依次对其进行介绍。接下来，再由客方负责人出面，依照客方在场者具体职务的高低，自高而低地依次对其进行介绍。

学会记住别人的名字

当我们进行实地考察的时候会遇到很多人，如果我把你介绍给他们，你一定要保证记住他们的名字。之后，当我们离开的时候，你要握着他们的手感谢他们，并且一定要称呼他们的名字。

第一年，我们班被邀请参观白宫，克林顿总统夫妇花了很长时间，和每一个学生及其家长握了手。我注意到克林顿夫人在记住学生姓名方面做得特别好。当我们离开的时候，她和同学们一一道别，并随之叫出每个人的姓名。这给我的印象实在太深了。但事情还不仅于此。第二年，我带另一批学生参观白宫时，再次和克林顿夫人谈话，她不仅很快记住了所有孩子的名字，而且还问我以前那些学生现在在做什么，她问的时候居然是指名道姓地问。我现在知道了，克林顿夫人这么做，一方面是由于她确实具有惊人的记忆力，同时我还注意到一个细节，就是当她被介绍给某人的时候，她通常会先回答些问题，在谈话要结束的时候再重复一遍他们的名字，这种重复有助于她记住别人的名字。我也开始照着这个法子训练孩子们，并做了很多练习。

克拉克先生：同学们，我想把你们介绍给华莱士先生，他是剧院的老板。

学生：华莱士先生，认识您很高兴，非常感谢您带我们参观您的剧院。

然后是参观完毕，要离开之前。

学生：华莱士先生，我代表我们班同学感谢您今天热情的接待。通过参观，我们了解到了很多剧院运行的常识，同时对剧院在电影工业中所起到的作用有了一定的认识。再次感谢您。

我们进行了大量类似的情景对话，让学生们做了足够多的练习。

如果你能叫上他们的名字，他们就会给你更多的尊重。忘了别人的名字有时会给你带来难堪。这一招就是教你如何避免这种情况，将你记住的人名及时地使用上，并且不会忘记。

如果在外出旅行中，我把你介绍给什么人，而此时你正坐着，你必须站起来和别人握手。在被介绍给别人的时候，不起立是种很不礼貌的行为。

五、电话接挂礼仪

讲礼堂

★仁者爱人，有礼者敬人。爱人者，人恒爱之，敬人者，人恒敬之。
——孟子

★将不可骄，骄则失礼，失礼则人离，人离则众叛。
——诸葛亮

★礼貌经常可以替代最高贵的感情。——梅里美

★国尚礼则国昌，家尚礼则家大，身有礼则身修，心有礼则心泰。
——颜元

（一）打电话

当电话接通后，应首先说："您好！我是XXX。"无论是给家长或同事打电话，说话时要保持一种高兴的语气和声调，切忌冷漠无情，但也切忌声音过大。交谈结束后，应客气地道上一声"再见"，并轻轻地挂断电话。切忌鲁莽地将电话"咔嚓"挂断。

（二）接电话

当听到电话铃一响（一般不应超过三声），便拿起电话筒，用普通话说："您好！我是 XXX（自报姓名），请讲。"接话完毕，应谦恭地问候一下对方："请问您还有其他什么事情吗？"然后道一声"再见"。在一般情况下，接电话者让对方先挂机。

（三）手机不能进课堂

老师上班时间不许"煲电话粥"，不能用手机上网聊天、玩游戏。若携带通信工具进课堂，上课期间，手机设置静音或关闭，不接听手机，不发送和阅读短信。

他山之石

学会主动弯腰帮助别人

无论何时何地，如果有人掉了东西，你要主动去捡起来递还给他们。也许他们距离物品比你近，但出于礼貌，你还是要做出弯腰去捡的姿势。

最近，正当我从某公司往外走的时候，我的银行卡和驾驶执照从口袋里掉了出来。还没等我弯腰，一个距离我有 10 英尺远的男孩就迅速跑过来，并捡起我的东西递给了我。我很吃惊，同时也很高兴，我大声地谢了他，并看了看他的母亲。她整个时间都在注视着他，好像是她和她的儿子两个共同完成的这件事。我确信这个男孩儿的好品质源于他母亲的引导和教育。很不幸的是，现在很多父母看不到教孩子这些规矩有什么用，因此我们的学生几乎忘记了这些基本的善意举动。

过去，在教室里常常会发生一件令我恼火的事：一个学生的铅笔从课桌上滚了下去，没有人帮他捡起来，于是这个孩子不得不起身走过去，再捡起来，而所有的人都视若无睹。后来，我给孩子们指出了这个问题，我说无论谁掉了任何东西，我都希望他们能帮助别人捡起来。他们做到了，后来就再也没有发生过类似的问题。过了一段时间，帮别人捡东西对他们来说成了一件再普通不过的事了。有一次，我们一起去泰晤士广场看演出。有一位女士随手把一只空烟盒丢到了地上，我们班一个叫乔斯林的小女孩跑过去把它捡起来，递给那位妇女说道："这位女士，您掉了这件东西！"那位女士起初好像看一个疯子一样看了看乔斯林，然后就把空烟盒放回自己的口袋里了。好了，捡起别人的垃圾不是我真正想说的，但我想，它已经传递给那位女士一个重要的信息，这就足够了。

第三章　教师公共礼仪

第一节　教师校园公共礼仪

一、升旗仪式礼仪

讲礼堂

★爱人者，人恒爱之；敬人者，人恒敬之。——孟子

★礼，天之经也，民之行也。——《左传》

★礼貌是最容易做到的事，也是最珍贵的东西。

——冈察尔

★怀着善意的人，是不难于表达他对人的礼貌的。

——卢梭

国旗，是一种最为常见的国家标志和象征。它通常指的是一种经由国家法律规定的、具有一定正式规格与式样的旗帜，用以在正式场所内进行悬挂。

目前，世界上的大多数国家都拥有正式颁布的国旗。在正式活动中，人们往往通过升挂本国国旗，来表达自己的民族自尊心、自豪感以及对祖国的

无比热爱。在涉外交往中，恰如其分地升挂本国国旗或外国国旗，不仅有助于维护本国的尊严与荣誉，而且还通常有助于对外国表示应有的尊重与友好。出于维护国旗的崇高地位的目的，各国对升挂本国或外国的国旗都有一套通行的做法，并且逐渐形成了一些有关国旗使用的惯例，这就是所谓的国旗礼仪。我国在1990年颁布和实施了《中华人民共和国国旗法》，加强对国旗神圣崇高地位的尊重和维护。在《中华人民共和国国旗法》中正式规定：中华人民共和国国旗是中华人民共和国的象征和标志。每个公民和组织，都应当尊重和爱护国旗。每位公民在面对或者使用国旗时，必须严格地遵守国旗礼仪。

所谓升旗仪式，一般指的是在正式场合以一系列的规范化程序郑重其事地升挂本国国旗的整个动作过程。《中华人民共和国国旗法》专门规定：升挂国旗时，可以举行升旗仪式。出席升旗仪式时，所有公民均应有意识地对个人表现严加约束。以下三点，尤应重视。

第一，肃立致敬。《中华人民共和国国旗法》规定：举行升旗仪式时，在国旗升起的过程中，参加者应当面向国旗肃立致敬。因此，当国旗升降之时，任何在场者均应停止走动、交谈，并且停下手中的一切事情，然后面向国旗立正，并向其行注目礼。戴帽者通常应及时脱下自己的帽子，唯有身着制服者可例外。

第二，神态庄严。参加升旗仪式时，每一名公民均应以自己庄重、严肃的态度与表情，来认真表达对国旗的敬意。此时此刻，绝对不应当态度漠然，或者嬉皮笑脸。

第三，保持安静。在升旗的仪式上，所有公民应自觉保持绝对安静。不许在此过程中交头接耳，打打闹闹，更不许接打移动电话，或者让自己的手机鸣叫不止。

在学校，每周一、重大节日、纪念日或重大活动，都应举行升旗仪式。每位师生在升旗仪式中都要严格要求自己，做到以下几点要求。

第一，全体师生都要以班级为单位，在学校统一划定的区域内，面向国旗站立。

第二，全体师生都必须准时参加学校举行的升旗仪式，任何人都不得无故缺席，也不能迟到。

第三，在升国旗、奏国歌过程中，必须保持肃静，所有参加升旗仪式的师生，都必须立正，脱帽向国旗行注目礼。

第四，在升国旗、奏国歌过程中，正在走动的师生要暂停下来，向国旗行注目礼，不允许任何人在升旗时走动，嬉闹谈笑和东张西望，特别是在升旗过程中出现意外时，全体同学要保持肃静。

第五，升旗，一般要安排学生或教师代表发言和学校有关领导讲话，总结上周工作或布置下阶段工作。所有同学都要保持安静，认真听讲。

第六，升旗仪式结束以后，各班同学要有序离开操场，不要拥挤，不得高声喧哗，更不得起哄打闹。

第七，五星红旗是团结的、革命的、胜利的旗帜，是人民的旗帜。它代表着我们伟大祖国神圣不可侵犯的尊严。它自由地飘扬在我国的领土、领海和领空上，鼓舞着全国人民为保卫祖国、建设祖国而努力奋斗。

（一）升挂和使用国旗的基本要求

1.使用规范的国旗

不能对国旗的意义随便加以解释，不能私自随便制作国旗。

2.升挂国旗的特定时间

早上升旗，傍晚降旗，一般情况下不在晚间使用、升挂国旗；特殊情况需要在晚间升挂国旗，应使国旗处于灯光照耀之下；国旗在一般情况下必须升挂，不能够悬垂于地面，在任何情况下都要保持国旗的完整、整洁、平整。

重大节日活动：国庆节、五一劳动节、元旦和春节；少数民族可以在自己传统的民族节日；大、中、小学校需要在正常的工作日里；重大的政治活动、体育比赛、文化活动和庆典仪式。

3.特定的地点和场合（升挂国旗有法定的地点）

北京天安门广场和新华门；全国人民代表大会常务委员会；中央军事委员会；中国人民政治协商会议全国委员会；最高人民法院；最高人民检察院；外交部；在我国一切出境、入境的机场、车站和港口；边防检查站、边防海防哨所；各级政府；各级人大常委会办事机构；各级政治协商会议；各级法院、检察院办公地点；各级外事机构。

4.升旗时的要求

应该在直立的旗杆上升挂国旗。

一根旗杆上只能升挂一面国旗。

不能在同一根旗杆上升挂国旗和其他旗帜。

国旗必须升挂到旗杆杆顶。

当我国国旗和其他旗帜同时升起时，在场者要以庄严肃穆的姿态表示对旗帜的敬意。

5.降旗时的要求

态度要认真，不能使国旗随便飘落；不能让国旗坠落地面。

下半旗：先将国旗升至旗杆顶，再降至距国旗旗杆顶的三分之一处。以下情况要求下半旗：国家主要领导人去世；为世界和平做出重大贡献的知名人士去世；国家遭受重大灾害和不幸。

（二）国旗的排序问题

按照《中华人民共和国国旗法》的要求和我国外交部有关国际交往中升挂、使用我国国旗的规定，一般情况下，我国国旗和其他旗帜一起升挂，要求首先升挂中华人民共和国国旗。

国旗和其他组织旗（企业、学校、军队的）旗帜同时使用时，国旗要处于荣誉地位，即较高位置。有前有后时国旗居前，有中央两侧时国旗居中，有左有右时国旗居右（以出门时的面向），有高有低时国旗居高，有大有小时国旗居大。

（三）升旗仪式

对于升旗手和护旗手的要求：仪表端庄、举止规范、操作标准。

对所有在场人的要求：保持肃静、约束动作、表情严肃，要求目视国旗。

（四）国际活动中升挂国旗的注意事项

1.外国国旗在我国的悬挂有以下几种情况

(1)外国国家元首和政府首脑正式来访。

(2)举行重大的国际会议和体育比赛。

(3)政治性文艺演出。

(4)企业开工庆典仪式。

(5)外国常驻我国的代表机构。

2.我国国旗和其他旗帜同时升挂的情况

(1)多边活动。按照国家名称的字母顺序排列。

(2)双边活动。看谁是主角。

学会多替别人着想

如果你开门进去或出来时有人跟在你后面，你应该扶住门。如果开门的时候需要拉的话，你就拉开门，自己站在一边，让别人先过去，然后再走过去；如果开门的时候需要推，你就在自己走过去后用手扶住门，别松开。

孩子们在穿过校门口的时候常常拥堵在一起，过餐厅门的时候，自己过去后就不管身后的门了，门常常会“砰”地打在后边人的身上。我对这种现象观察了几个星期之后，就知道我必须要对学生们说点什么了。孩子们小小的善意举止，像为别人扶着门，让别人先过去之类的，这看起来似乎是微不足道的事，但它对孩子们了解如何尊重和重视别人大有裨益。如果我们不帮他们指出来，绝大部分人自己是很难领悟到的。我感到吃惊的是，对于诸如为别人扶住门这类最简单、最基本的举止，学生们都会提出很多细节方面的问题。比如，他们很想知道什么时候扶住门是适合的，他们应该扶住门多长时间，他们扶着门的时候是否需要说点什么，还有他们扶住门的时候应该站在什么位置。孩子们渴望了解自己应该如何做，我发现他们几乎学习所有的规矩都是如此。孩子们想知道人们希望他们是个什么样的人，以及怎样对别人表示尊重。有一次我告诉他们，他们已经做到一半了。

二、集会仪式礼仪

讲礼堂

★老吾老以及人之老，幼吾幼以及人之幼。——孟子

★礼貌是有教养的人的第二个太阳。——赫拉克利特

★博学于文，约之以礼。——孔子

★彬彬有礼的风度，主要是自我克制的表现。——爱迪生

遵守会议纪律。准时参会，按指定地点入座，坐姿端正，不在集会场所游走，不中途离开。

关闭通讯工具，认真聆听。不交头接耳，不看报刊杂志，不做与会议无关的事情。切忌在会场出现剪指甲、打哈欠、掏耳朵、挖鼻孔等不雅行为。

注重公共卫生，在会场不吃零食，不乱扔果皮纸屑，不吸烟，不随地吐痰，不乱吐口香糖等。

尊重报告人，专心静听，适时鼓掌。

在室外集会时，不打伞，不戴遮阳帽，当好学生表率。

学会对别人宽容

如果有人不小心碰到了你，尽管不是你的错，你也应该说：“对不起！”

在学校里，一次很轻微的碰撞，也能导致意想不到的后果。我在此要讲的是如何防止事态向不良方向发展。我刚给同学们讲这条规矩的时候，心里也没底，不知道它能不能产生效果，但是在练习和提醒一个月之后，一个比我壮实的大块头男孩儿，已经能左一个“对不起”、右一个“抱歉”了。

那一次，当我的学生坐上从哈莱姆飞往洛杉矶的飞机时，我已经先期抵达，在那儿等候他们了。校长助理卡斯蒂略夫人护送他们，同行的还有几位老师和家长。一个星期以前，我们就在班里练习过乘坐飞机的礼仪了。我将座位摆成过道，我扮演飞机上的乘务员，乘务员要解决问题，维持秩序以及核对学生们的票。我把他们在飞机上的表现事先想得太差了，在没有我随时提醒的情况下，我真有点担心。到了机场，第一个从飞机上下来的旅客一边环顾四周，一边问道：“那位克拉克先生在哪儿啊？”我想：“噢，我的天啊！这些孩子都做了些什么呀？”然而，每一个从飞机上下来的人都想和我握手。他们说，当他们看到有一群孩子上来的时候，心想这下可完了，但孩子们自始至终表现得有礼貌、懂规矩、令人欣喜。飞机上的机长甚至广播介绍我们这个班，说孩子们表现得如何好。尽管在天上飞的感觉并不是很舒服，可我们却越来越开心。

我认为最重要的一句恭维话，是一位女士对我说的：“我想让你知道，我坐在头等舱。你一半以上的学生路过我座位的时候，都碰到了我的胳膊，但是他们每个人每一次都会转过来和我说对不起。”

三、进出校门礼仪

讲礼堂

★人无礼不立，事无礼不成，国无礼不宁。——荀子

★礼貌周全不花钱，却比什么都值钱。

——塞万提斯

★有两种和平的暴力，那就是法律和礼貌。——歌德

★生活里最重要的是有礼貌，它比最高的智慧，比一切学识都重要。——赫尔岑

进出校门时，应将工作牌佩戴在左胸前，主动向门卫及值班教师打招呼，切忌目中无人。自行车应推行，汽车应慢行至指定地点，切忌随意鸣笛。

在校园遇到同事或来宾，应主动微笑并问候、致意。校内同事以岗位职务相称。校外来宾了解对方职务的以职务相称，不了解的以“先生”“女士”相称。

学会有礼貌地排队参观

当我们集体外出，进入一座建筑物时，不能说话，甚至要安静到让人注意不到我们的存在。这同样适用于通常人们聚会的任何公共场所，包括电影院、教堂、剧院等。

我确信绝大部分老师都会带领孩子们外出，或进入一座建筑物的时候，设法让他们保持安静。但是如果你在出发之前，就预先告诉孩子们你希望他们做到什么的话，这样会比你到了目的地再提要求要容易得多。在我们坐地铁、进餐馆或任何一个公共场所之前，学生们都知道，我们将要像老鼠一样悄悄地走动了。几年来，我们给很多人留下了深刻的印象。大多数人在看到一大队学生进入建筑物的时候，第一反应就是“快跑吧”。但是我们又常常令人大感意外，因为在他们还没意识到的时候，我们全体人马已经进来了。

在纽约，有一次我带全班同学去附近的泰晤士广场看演出。我们到剧院的时候稍迟了一会儿，那里已经有20个班在排队等候了。其他学校的学生举止不太好，简直乱成一锅粥。我告诉我的学生要排好队，保持秩序，不要像别班的孩子一样。不久后大家开始往剧院里走，还是一点秩序也没有。一位女士试图组织他们各就各位，但到处都是学生，而且大家都不知道该去哪里。我们班仍然坚守我们的纪律，悄无声息地排成了两个单列，然后鱼贯而入。我们在大门的附近，站在别人的后边等。突然，那位女负责人注意到了我们，并朝我们的方向走了过来。她问学生们，他们的老师在哪里，我举起了一只手，她说道：“很高兴见到你，从这边过来吧。”于是我们班被第一个带进了剧院，并且坐在了前排的座位上。

有时候，人们做了什么好事不一定都能给他人留下印象，尤其是他做这件好事的时候周围其实根本没人，他做好事是出自本心，而不是做给别人看，这就更值得你敬重了。无论如何，此时此刻的这类表现，会更被别人赞赏和认可。

四、同事共处礼仪

讲礼堂

★非礼勿视，非礼勿听，非礼勿言，非礼勿动。——孔子

★礼貌像只气垫，里面什么也没有，却能奇妙地减少颠簸。

——约翰逊

★世界上最廉价，而且能得到最大收益的一项物质，就是礼节。——拿破仑·希尔

★心诚气温，气和辞婉，必能动人。

——薛宣

一个和谐的社会组织，其同事之间应该是一种团结、互助、合作的人际关系，但由于种种原因，同事之间交往有时会出现一些障碍，这多与同事间的交往关系处理不当有关。

正确把握与同事交往的礼仪，要用积极的态度开展交往，充分尊重对方，言谈要文明恰当，举止要掌握尺度。一要表里如一，言行一致。对同事的困难应给予关心、理解和帮助。二要把诚实、信任作为人际交往的基本原则，胸怀坦荡，处事公道，为人正派。既要充分自信，又要虚心向他人学习。既不骄傲自大，也不过分谦卑。三是不搞小圈子，要与同事广泛联系，疏密有度。不说长道短，不搬弄是非。经济往来一清二楚，不贪图小便宜。

平等友爱，互相尊重，互相帮助。以诚意和真心对待同事，严于律己，宽以待人，善于学习同事的长处；遇到繁重的工作任务，要多承担；主动协助同事做好工作，出现失误，主动多承担责任；当同事在工作中取得的成绩

超过自己时，不妒忌；和同事发生分歧和矛盾时，及时地、开诚布公地交换意见；同事生活上有困难，应热心帮助。

(一) 下属应尽礼仪

1.尊重领导

单位的领导，一般具有较高的威望、资历和能力，有很强的自尊心。作为下属，应当维护领导的威望和自尊。在领导面前，应有谦虚的态度，不能顶撞领导，特别是在公开场合，尤其应注意，即使与领导的意见相左，也应在私下与领导说明。

2.听从领导指挥

领导对下属有工作方式的指挥权，对领导在工作方面的安排、指挥必须服从，即便有意见或不同想法，也应执行，对领导指挥中的错误可事后提出意见，或者在执行中提出建议。

3.不随意议论领导

对领导的工作不能求全责备，而应多出主意，帮助领导干好工作，不要在同事之间随便议论领导、指责领导。当然，对个别品德很差、违法乱纪的领导，另当别论。

4.在适当的时间和地点提建议

提建议要讲究方法，在工作中给领导提建议时，一定要考虑场合，注意维护领导的威信。提建议一般应注意两个问题：一是不要急于否定原来的想法，先肯定领导的大部分想法，然后有理有据地阐述自己的见解；二是要根据领导的个性特点确定具体的方法。如对严肃的领导可用正面建议法，对开朗的领导可用幽默建议法，对年轻的领导可用直言建议法，对老领导可用委婉建议法。

（二）领导应守礼仪

1.尊重下属的人格

领导不能因为在工作中与其具有领导与服从的关系而损害下属的人格，这是领导最基本的修养和对下属的最基本的礼仪。

2.善于听取下属的意见和建议

领导者应当采取公开的、私下的、集体的、个别的等多种方式听取下属的意见。了解下属的愿望，这样既可提高领导的威信，又可防止干群关系的紧张。

3.宽待下属

领导应心胸开阔，对下属的失礼、失误应用宽容的胸怀对待，尽力帮助下属改正错误，而不是一味打击、处罚，更不能记恨在心，挟私报复。

4.领导的人格魅力

作为领导，除权力外，还应有自己的人格魅力。如良好的形象、丰富的知识、优秀的口才、平易近人的作风等，这些都是与领导的权力没有必然联系的自然影响力。

5.尊崇有才干的下属

领导不可能在各方面都表现得出类拔萃，而下属在某些方面也必然会有过人之处。作为领导，对下属的长处应及时地给以肯定和赞扬。如接待客人时，将本单位的业务骨干介绍给客人。在一些集体活动中，有意地突出某位有才能的下属的地位；节日期间到为单位做出重大贡献的下属家里走访慰问等，都是尊重下属的表现。这样做，可以进一步激发下属的工作积极性，更好地发挥他们的才干。相反，如果领导嫉贤妒能，压制人才，就会造成领导和下属的关系紧张，不利于工作的顺利开展。

学会热爱自己的集体

集会的时候不能说话，不能四处张望，也不能试图吸引其他班同学的注意。我们必须齐心协力给大家留下一个印象——我们是个集体，我们步调一致。

我记得，当我还是名学生的时候特别喜欢集会，然而作为一名老师，我却痛恨集会。它会打乱一天的安排，让学生们走神，还给他们提供了很多表现不好的机会。事实上，这也是我作为一名学生喜欢集会的原因。

为了让这个过程变得更易于控制一些，我很详细地向学生们说明，当我们在礼堂开会时，我希望看到他们有怎样的表现。在实施这条规矩的第一天，我让学生们排好队走到礼堂，然后依次在我们指定的座位上坐下，并且脸朝前方，手放在膝盖上，不能放在扶手上。接着我便走开了，在礼堂里随意换地方，叫他们的名字，朝他们扔纸团，以及做任何能吸引他们注意力的动作。我就用这些方法训练孩子们坐着的时候集中注意力，脸朝前方，并保持安静。

每当要参加集会之前，我就会提醒他们上述的注意事项，孩子们对于我对他们的要求也记得特别清楚。他们自始至终都拿出了最好的表现，尽管他们经常坐在最乱的礼堂中部。

第二节　教师校外公共礼仪

一、见面礼仪

讲礼堂

★惟贤惟德，能服于人。　　——刘备

★谦恭有礼，人人欢迎。　　——托马斯·福特

★礼貌是一种回收有礼貌的尊重的愿望。　　——拉罗什福科

★良言一句三冬暖，恶语伤人六月寒。　　（俗语）

会面，通常是指在较为正式的场合与别人相见。在日常工作中，教师往往需要会见各式各样的客人。在会见他人时，尤其是当教师以主人的身份在工作岗位上会见正式来访的客人时，既要对对方热情、友好，又要讲究基本的会面礼节。

（一）会面时教师形象的四个基本要素

(1)远处看头，近处看腰，不远不近看中腰。

(2)女人看头最重要，男人看腰最明了。

(3)看男教师的形象要一看鞋、二看腰、三看头发。

(4)看女教师的形象要一看鞋跟、二看袜、三看粉黛加头发。

（二）会面仪表：端庄、整洁

1.发型

头发是女人的骄傲，可任它在风中自然飘散，也可以让发型师为你做最时新款式。但是作为教师有几点值得注意。

无论款式如何，最重要的是干净，不然就显出懒婆娘的真性。

如果喜爱长发，就更要注意梳理，否则让学生联想到鸡窝之类。

把头发染得鲜艳夺目会让所有的人注视你，如果认真观察，这些眼光绝不是尊敬和羡慕的。

男教师不要戴假发 (除非迫不得已)，因为会让学生研究个没完没了，并且他们会不断地猜想老师光头的样子。

2.指甲

不能太长，应经常注意修剪。女教师若要涂指甲油，要尽量用淡色。

3.胡子

男教师胡子一般不能太长，应经常修剪。

4.口腔

保持清洁，上班前不要喝酒，不要吃有异味的食品。

5.化妆

女教师天天站在讲台上，也算学校的一道风景，无论是因年纪过大还是因操劳或其他原因显得疲惫和苍老的女教师，都应该每天化化妆，给人精神也精神自已。教师平时绝不要浓妆艳抹，化成“血盆大口”让人感到烦心。

6.服饰

服饰要稳重、得体。

（三）会面举止：稳重、优雅

1.关于眼神

向别人提出某个要求或意见的时候，要观察他的反映或是看他的脸色。

教师不应该有下列的情形：

(1)边改作业边和学生谈话，根本不看着学生。

(2)瞪着眼追问学生问题。

(3)后背对着学生写板书时，嘴里却叫着某某学生的名字让他回答问题。

(4)课堂上发现某学生在做小动作，一边不动声色地继续讲课，一边用眼角斜视着这个学生。

2.关于体态

(1)站姿。头正：切勿做儿童歪头可爱状，哪怕正在沉思。肩平：两肩放松自然下垂，稍向后人会显得很精神，向前则是一副猥琐样。躯挺：是挺胸而非挺腹，因为挺胸使你自信，挺腹则只是傲慢无礼。腰要挺直不能塌，臀部尽可能向内向上收紧。腿直：无论何时站立，两腿要贴紧，脚尖分开或者摆小丁字形。男士可以并腿也可叉开，但不能宽过双肩，脚尖分开呈60度。

(2)坐姿。就座时，上身要直，如果与人交谈，要略向前倾，表示关注交谈者，哪怕是与孩子交谈。身体向后倾或者靠在椅背上，表示相当的自信和优越感，一般交谈或者开会中都不能如此。塌坐在椅子上，身体弯曲放松，只能在家中。如果面对交谈者，不是表示病态就是极度放肆。无论怎样坐，女性都忌讳将两腿分开，特别是穿裙子的女性，绝不可露出内裤。

(3)行走。一个成人很难再改变他的行姿，不过如果我们注意的话，还是可以做到以下几点的。

①不慌不忙，稳步前行。

②挺直腰和背走路，许多老师由于多年伏案的原因，形成了含胸勾背的习惯，显得生活沉重无比的样子。

③男老师的步子要大而稳，女教师走路要轻而有弹性。切忌全脚掌着地，踩得楼板咚咚作响，也不要因为忙而脚底生风，让人误为孙二娘再世。

3.关于语言

(1)激情。教师的语言魅力主要在于要有“激情”。“言为心声”，教师在课堂上将自己对教育事业的投入，对学生的热爱，对所教专业的精通融入了语言。他的声音必然充满热情，必然富有感染力，必然具有吸引力，必然产生号召力。

(2)风趣。说话清楚有力，生动风趣，思路清晰，应当是每个教师的基本功。语言的丰富多彩，风趣幽默，言之有物，言之有度，言而有信，实际上体现了教师的才华，体现了教师的学识，体现了教师的智商，更体现了教师的人品。

(3)规范。“非礼勿言”是《论语》中的一句话，意思是不合乎礼仪的话不要说，使用规范、正式和文明的语言，应当是每个教师必须具备的师德。教师应讲究语言艺术，用美的语言去感染学生，要求准确、形象、生动、清新、文雅、文明、纯洁，避免语言不当，切忌粗鲁、尖酸、刻薄。

4.“十戒”

一戒语苛训人；二戒教条盈耳；三戒粗言秽语；四戒方言土语；五戒语病时出；六戒口语过多；七戒喋喋不休；八戒大呼小叫；九戒不合实际；十戒离题闲扯。

5.三声和四忌

(1)三声。

来有应声，问有答声，听有和声。

(2)四忌。

①忌打断对方。双方交谈时，上级可以打断下级，长辈可以打断晚辈，平等身份的人是没有权利打断对方谈话的。

②忌补充对方。有些人好为人师，总想显得知道的比对方多，比对方技高一筹。出现这一问题，实际上是没有摆正位置，因为人们站在不同高度，对同一问题的看法会产生很大的差异。比如，你说北京降温了，对方马上告诉你哈尔滨还下大雪了。当然如果谈话双方身份平等，彼此熟悉，有时候适当补充对方的谈话也并无大碍，但是在谈判桌上绝不能互相补充。

③忌纠正对方。“十里不同风，百里不同俗。”不同国家、不同地区、不同文化背景的人考虑同一问题，得出的结论未必一致。一个真正有教养的人，是懂得尊重别人的人，尊重别人就是要尊重对方的选择。除了大是大非的问题必须旗帜鲜明地回答外，人际交往中的一般性问题不要随便与对方争论是或不是，不要随便去判断，因为对或错是相对的，有些问题很难说得清谁对谁错。

④忌质疑对方。对别人说的话不随便表示怀疑。所谓防人之心不可无。质疑对方并非不行，但是不能写在脸上，这点很重要。如果不注意，就容易

带来麻烦。质疑对方，实际上是对对方尊严的挑衅，是一种不理智的行为。

因此，教师在人际交往中，这样的问题值得高度关注。

(3)师语九忌。

一忌病语：教师使用不规范的语言，会导致学生用语混乱，思维混乱，贻害无穷。

二忌冷语：有的老师对学生的一些言行举止看不惯，就对学生讽刺、挖苦，什么“小聪明”“大美人”等，这样会使学生受到不应有的刺激，使稚嫩的童心受到伤害。

三忌脏语：对学生使用鄙视、侮辱性的语言。什么“丑小鸭”“小笨猪”等。

四忌咒语：神经病、没出息、无可救药等。

五忌浮语：有的教师对学生喜欢用浮夸、吹嘘和不切实际的语言。这会使学生爱虚荣，不踏踏实实地学习、做事。

六忌烦语：有些老师讲课总是啰唆重复，唠唠叨叨，或东打一犁，西打一耙，废话连篇，离题太远。

七忌谤语：有的教师有意无意地使用诋毁、中伤、排斥他人的语言，会使学生沾染背后诽人、嫉贤妒能、不负责任的恶习。

八忌妄语：有的教师为达到某种目的，对学生使用哄骗、威胁的语言。这样不仅会给学生造成紧张心理，而且在学生心里埋下欺骗的种子，使学生人格发展出现扭曲。

九忌逆语：对于那些违反法律法规、贬损祖国的语言和反人类、反社会、反科学的语言必须坚决禁绝，否则会严重误导学生，断送学生的前途。

(三) 握手礼仪

在见面与告别时，人们通常都使用握手行礼。在国内外交往中，握手都是最为通行的会见礼节。教师学习和掌握握手礼，主要应当从握手的方式、伸手的先后、相握的禁忌三个方面加以注意。

1.握手方式

作为一种常规礼节，握手的具体方式颇有讲究。其具体操作中的要点有以下四点。

(1)神态。与他人握手时，应当神态专注、认真、友好。在正常情况下，握手时应目视对方双眼，面含笑容，并且同时问候对方。

(2)姿势。与人握手时，一般均应起身站立，迎向对方，在距其1米左右伸出右手，握住对方的右手手掌，稍许上下晃动一两下，并且令其垂直于地面。

(3)力度。握手的时候，用力既不可过轻，也不可过重。若用力过轻，有怠慢对方之嫌，不看对象而用力过重，则会使对方难以接受而生反感。

(4)时间。一般来讲，在普通场合与别人握手所用的时间以3秒钟左右为宜。

2.伸手顺序

在握手时，双方握手的先后顺序很有讲究。一般情况下，讲究的是“尊者居前”，即通常应由握手双方之中的身份较高者首先伸出手来，反之则是失礼的。具体而言：

女士同男士握手时，应由女士首先伸手。长辈同晚辈握手时，应由长辈首先伸手。上级同下级握手时，应由上级首先伸手。宾主之间的握手则较为特殊。正确的做法是：客人抵达时，应由主人首先伸手，以示欢迎之意；客人告辞时，则应由客人首先伸手，以示主人可就此留步。

在正规场合，当一个人有必要与多人一一握手时，既可以由“尊”而“卑”地依次进行，也可以由近而远地逐个进行。

3.握手的力度

一个令人愉快的握手，感觉是坚定有力的，表示你对人的热情和友好，也表示你是一个有责任感和自信心的人。而犹豫得宛如死鱼一般的握手则会使人怀疑你的诚意和自信，因此，把握握手的力度是非常重要的，力度太轻，给人一种应付的感觉；力度太重，把对方弄疼了是非常无礼的。男士对女士更不能使劲，否则当心被扣上“色狼”的帽子。

4.握手的时间

握手的时间控制在3秒钟左右，一般是配合着问候语“你好……很高兴见到你”，说完即松开。老友相见、安慰病人、对死者家属致哀等可以时间长一些，还可以双手相握以示深情，但男士对爱人以外的女士不宜。

5.握手时双方的距离

一米左右，太远有冷落感，太近手臂伸不直，既不好看，也会让人非议。

6.握手时的手式

伸出的手掌要垂直，称为“平等式握手”。掌心向上有谦卑之态，掌心向下则太过傲慢。一般握手，要掌心相对，满掌相握，如果只伸出指尖给别人是不礼貌的，但男士对女士，则只宜握住女士的手指部分。

7.握手的神态

与人握手时要认真，满面含笑，目光专注，如果漫不经心、敷衍了事，会得罪人且让人看不起。

8.相握禁忌

在正式场合与他人握手时，主要有下述五条禁忌应当避免。

用左手与人握手。握手宜用右手，以左手握手被普遍认为是失礼之举。

戴手套与人握手。握手前务必要脱下手套，只有女士在社交场合戴着薄纱手套与人握手，才是被允许的。

戴墨镜与人握手。在握手时一定要提前摘下墨镜，不然就有防人之嫌。

用双手与人握手。用双手与人相握，只有在熟人之间才适用。与初识之人握手，尤其当对方是一位异性时，两手紧握对方的一只手，是不妥当的。

以脏手与人握手。在一般情况下，用以与人相握的手理应干干净净。以脏手、病手与人相握，都是不应当的。

（四）递交名片礼仪

名片是一个人身份的象征，当前已成为人们社交活动的重要工具。因此，名片的递送、接受、存放也要讲究社交礼仪。

1.名片的递送

在社交场合，名片是自我介绍的简便方式。交换名片的顺序一般是“先客后主，先低后高”。当与多人交换名片时，应依照职位高低的顺序，或是由近及远，依次进行。切勿跳跃式地进行，以免对方误认为有厚此薄彼之感。递送时，应将名片正面面向对方，双手奉上。眼睛应注视对方，面带微笑，并大方地说“这是我的名片，请多多关照”。名片的递送应在介绍之后，在尚未弄清对方身份时不应急于递送名片，更不要把名片视同传单一样随便散发。

2.名片的接受

接受名片时应起身，面带微笑注视对方。接过名片时应说“谢谢”，随后有一个微笑阅读名片的过程，阅读时可将对方的姓名、职衔念出声来，并抬头看看对方的脸，使对方产生一种受重视的满足感。然后，回敬一张本人的名片，如身上未带名片，应向对方表示歉意。在对方离去，或话题尚未结束之前，不必急于将对方的名片收藏起来。

3.名片的存放

接过别人的名片切不可随意摆弄或扔在桌子上，也不要随便地塞在口袋里或丢在包里。应放在西服左胸的内衣袋或名片夹里，以示尊重。

（五）交谈的礼仪规范

1.态度真诚、真实无虚

无论对领导、同事、家长还是学生，教师的言谈态度应该是真挚的，语气是平和稳重的，多用探询、商讨的口气。太武断会显得傲慢，太谦恭会显得自卑。不要用一些官场或商场上的客套话，如“多指教”“请指示”，也不要用一些文绉绉的古语如“久仰大名，如雷贯耳”“才疏学浅，望多指教”等。

2.用词准确、注意文明

教师的言谈要显出教师的水平和修养，准确表述非常重要。夸奖的时候不能言过其实，批评的时候不能尖酸刻薄。更切忌婆婆妈妈、啰啰唆唆。就算是对低年级学生，尽可能用他能听懂的语言，切忌反反复复，这也是训练学生认真听别人讲话的要点之一。

（六）聆听、拒绝、道歉的礼仪规范

1.聆听的礼仪规范

要专心致志，保持目光接触，仔细听清对方所说的话；要积极鼓励对方

畅所欲言，表达自己的思想，聆听的同时，还要注意观察，俗话讲“察言观色”，就是将说话者的言与行结合在一起做分析，有助于我们理解他人的真实想法。

2.拒绝的礼仪规范

(1)位置置换法。

有时候要拒绝对方时，可以朋友的口吻相待，将自己的难处说出，请对方站在自己的角度体察和谅解。

(2)先肯定再否定。

当对方提出的问题需要你明确地表示“否定”，你可先选取一个局部的枝节予以肯定，然后再对问题的主要方面提出否定，因为不是采用一口否定的形式，使对方有一个下台的机会。对方也就比较容易接受了。

(3)让我考虑一下。

拒绝别人时，最好不要太快，稍微拖延一段时间，让气氛缓和些较好，若是避免当面拒绝则更好。这样做，不仅可以避免当面拒绝时的尴尬，又可使对方觉得你对他提出的问题经过慎重考虑才做出了回答。

3.道歉的礼仪规范

当我们的工作疏忽或失误，影响了公众的利益，就应当说声“对不起”“这是我的错”。道歉时，态度要诚恳，应当堂堂正正。

巧用名片

有一位从事售楼业务的孙小姐，接手的是别墅楼盘。别的售楼小姐都是待在办公室轮流接电话，孙小姐不一样，她在自己的名片背面，写上一行秀气的小字：“当您准备购买别墅的时候，请别忘了来个电话！”然后，她就拿着一摞这样的名片，来到一个高速公路收费处，满面笑容地和收费人员商量，如果有奔驰、凯迪拉克之类的豪华车通过，请将她的名片递过去，并告诉车主，“您的过路费，这位小姐已经替您付了”。当然，孙小姐会给收费人员一笔合理的“劳务费”。车主突遇“天上掉馅饼”的事情，多半会惊讶、好奇地探问是哪位小姐，收费人员手一指，孙小姐在远处笑容可掬地朝车子挥挥手。

虽然开豪华车的人不在乎孙小姐的“小恩小惠”，不过也没有理由拒绝。更重要的是，他们对这种营销方式由好奇而欣赏，不仅自己会考虑，也会在自己的社交圈子中，茶余饭后聊起来。就这样“一传十、十传百”，一段时间之后，来电话的人渐渐多了，孙小姐的销售业绩比公司别的同事开始明显好了。

怎么样？名片虽小，用活了作用可不简单，“营销的轻骑兵”小觑不得!

二、餐饮礼仪

讲礼堂

★上善若水，厚德载物。　——老子

★礼貌是村民应该特别小心地养成习惯的第一件大事。　——梅里美

★头衔愈大，礼仪愈繁。　——丁尼生

★宽容意味着尊重别人的任何信念。　——爱因斯坦

（一）宴会礼仪

接到宴会邀请，无论是请柬还是或邀请信，能否出席都要尽早答复对方以便主人安排。一般来说，对注有“R.S.V.P”（请答复）字样的，无论出席与

否，均应迅速答复。注有“regrets only”（不能出席请回复）字样的，则在不能出席时才回复，但也应及时回复。经口头约妥再发来的请柬，上面一般都注有“to remind”（备忘）字样，只起提醒作用，可不必答复。答复对方，可打电话或复以便函。

在接受邀请之后，不要随意改动。万一遇到不得已的特殊情况不能出席，尤其是主宾，应尽早向主人解释、道歉，甚至亲自登门表示歉意。

应邀出席一项活动之前，要核实宴请的主人，活动举办的时间、地点，是否邀请配偶，以及主人对服装的要求。活动多时尤其应注意，以免走错地方，或主人未请配偶却双双出席。

掌握出席时间。出席宴请活动，抵达时间迟早，逗留时间长短，在一定程度上反映对主人的尊重与否，应根据活动的性质和当地的习惯掌握。迟到、早退、逗留时间过短被视为失礼或有意冷落。身份高者可略晚到达，一般客人宜略早到达，主宾退席后再陆续告辞。在我国，出席宴会应正点或提前二三分钟或按主人的要求到达。出席酒会，可在请柬上注明的时间内到达。如果确实有事需提前退席，应向主人说明后悄悄离去。也可事前打招呼，届时离席。

1.抵达

抵达宴请地点，先到衣帽间脱下大衣和帽子，然后前往主人迎宾处，主动向主人问好。若是节日庆祝活动，应表示祝贺。

2.赠花

参加他国庆祝活动。可以按当地习惯以及两国关系，赠送花束或花篮。参加家庭宴会，可酌情给女主人赠少量鲜花。

3.入座

应邀出席宴请活动，应听从主人安排。进入宴会厅之前，先了解自己的桌次和座位，入座时注意桌上的座位卡是否写着自己的名字，不要随意乱坐。如邻座是年长者或妇女，应主动协助他们先坐下。

4.进餐

入座后，主人招呼，即开始进餐。

取菜时，不要盛得过多。盘中食物吃完后，如不够，可以再取。如由招待员分菜，需增添时，待招待员送上时再取。如果本人不能吃或不爱吃的菜肴，当招待员上菜或主人夹菜时，不要拒绝，可取少量放在盘内，并示意“谢谢，够了”。对不合口味的菜，切勿显露出难堪的表情。

吃东西要文雅。闭嘴咀嚼，吃东西不要发出声音。如汤、菜太热，可待稍凉后再吃，切勿用嘴吹。嘴内的鱼刺、骨头不要直接外吐，用餐巾掩嘴，用手 (吃中餐可用筷子) 取出，或轻轻吐在叉上，放在菜盘内。

吃剩的菜，用过的餐具、牙签，都应放在盘内，勿置桌上。

嘴内有食物时，切勿说话。

剔牙时，用手或餐巾遮口。

5.交谈

无论是作为主人、陪客或宾客，都应与同桌的人交谈，特别是左右邻座。不要只同几个熟人或只同一两人说话。邻座如不相识，可先自我介绍。

6.祝酒

作为主宾参加外国举行的宴请，应了解对方祝酒习惯，即为何人祝酒、何时祝酒等，以便做必要的准备。碰杯时，主人和主宾先碰，人多可同时举杯示意，不一定碰杯。同时，注意不要交叉碰杯。在主人和主宾致辞、祝酒时，应暂停进餐，停止交谈，注意倾听，也不要借此机会抽烟。主人和主宾讲完话与贵宾席人员碰杯后，往往到其他各桌敬酒，遇此情况应起立举杯。碰杯时，要目视对方致意。

宴会上相互敬酒表示友好，活跃气氛，但切忌喝酒过量。喝酒过量容易失言，甚至失态，因此必须控制在本人酒量的三分之一以内。

7.宽衣

在社交场合，无论天气如何炎热，不能当众解开纽扣脱下衣服。小型宴会，如主人请客人宽衣，男宾可脱下外衣搭在椅背上。

8.喝茶（或咖啡）

喝茶、喝咖啡，如愿加牛奶、白糖，可自取加入杯中，用小茶匙搅拌后，茶匙仍放回小碟内，通常牛奶、白糖均用单独器皿盛放。喝时右手拿杯把，左手端小碟。

9.水果

吃梨、苹果，不要整个拿着咬，应先用水果刀切成四五瓣，再用刀去皮、核，然后用手拿着吃，削皮时刀口朝内，从外往里削。香蕉先剥皮，用刀切成小块吃。橙子用刀切成块吃，橘子、荔枝、龙眼等则可剥了皮吃。

其余水果如西瓜、菠萝等，通常都去皮切成块，吃时可用水果刀切成小块用叉取食。

10.水盂

在宴席上，上鸡、龙虾、水果时，有时送上一小水盂（铜盆、瓷碗或水晶玻璃缸），水上漂有玫瑰花瓣或柠檬片，供洗手用（曾有人误认为饮料，以致成为笑话）。洗时两手轮流沾湿指头，轻轻涮洗，然后用餐巾或小毛巾擦干。

11.纪念物品

有的主人为每位出席者备有小纪念品或一朵鲜花。宴会结束时，主人招呼客人带上。遇此，可说一两句赞扬小礼品的话，但不必郑重表示感谢。有时，外国访问者往往把宴会菜单作为纪念品带走，有时还请同席者在菜单上签名留念。除主人特别示意作为纪念品的东西外，各种招待用品，包括糖果、水果、香烟等，都不要拿走。

12.致谢

有时在出席私人宴请活动之后，往往致以便函或名片表示感谢。

13.冷餐会、酒会取菜

冷餐、酒会，招待员上菜时，不要抢着去取，待送至本人面前再拿。周围的人未拿到第一份时，自己不要急于去取第二份。勿围在菜桌旁边，取完即退开，以便让别人去取。

14.餐具的使用

中餐的餐具主要是碗、筷，西餐则是刀、叉、盘子。通常宴请外国人吃中餐，亦以中餐西吃为多，既摆碗筷又设刀叉。刀叉的使用是右手持刀，左手持叉，将食物切成小块，然后用叉送入嘴内。欧洲人使用时不换手，即从切割到送食均以左手持叉。美国人则切割后，把刀放下，右手持叉送食入口。就餐时按刀叉顺序由外往里取用。每道菜吃完后，将刀叉并拢排放在盘内，以示吃完。如未吃完，则摆成“八”字或交叉摆，刀口应向内。吃鸡、龙虾时，经主人示意，可以用手撕开吃，否则可用刀叉把肉割下，切成小块吃。切带骨头或硬壳的肉食，叉子一定要把肉叉牢，刀紧贴叉边切下，以免滑开。切菜时，注意不要用力过猛撞击盘子而发出声音。不容易叉的食品，或不易上叉的食品，可用刀把它轻轻推上叉。除喝汤外，不用汤匙进食。汤用深盘或小碗盛放，喝时用汤匙由内往外舀起送入嘴，即将喝尽时，可将盘向外略托起。吃带有腥味的食品，如鱼、虾、野味等均配有柠檬，可用手将汁挤出滴在食品上，以去腥味。

宴会进行中，由于不慎，发生异常情况，例如，用力过猛，使刀叉撞击盘子，发出声响，或者餐具摔落地上，抑或是打翻酒水等，都应沉着不必着急。餐具碰出声音，可轻轻向邻座 (或向主人) 说一声“对不起”。餐具掉落可由招待员送一副。酒水打翻溅到邻座身上，应表示歉意，协助擦干，如对方是女性，只要把干净餐巾或手帕递上即可，由她自己擦干。

(二) 中餐礼仪

1.慎重选择时间、地点

中餐特别是中餐宴会具体时间的安排，根据人们的用餐习惯，依照用餐时间的不同，分为早餐、午餐、晚餐三种。确定正式宴请的具体时间，要遵从民俗惯例，而且主人不仅要从自己的客观能力出发，更要讲究主随客便，要优先考虑被邀请者，特别是主宾的实际情况，不要对这一点不闻不问。如果可能，应该先和主宾协商一下，力求双方都方便。至少，也要尽可能提供几种时间安排以供选择，以显示自己的诚意，并要对具体时长进行必要的控制。另外，在社交聚餐的时候，用餐地点的选择也非常重要。首先要环境优雅。宴请不仅仅是为了“吃东西”，也是“吃文化”。要是用餐地点档次过低，环境不好，即使菜肴再有特色，也会使宴请大打折扣。在可能的情况下，一定要争取选择清静、优雅的地点用餐。其次是卫生条件良好，在确定社交聚餐的地点前，一定要看卫生状况怎么样。如果用餐地点太脏、太乱，不仅卫生问题让人担心，而且还会破坏用餐者的食欲。还要充分考虑到，聚餐者来回的交通是不是方便，有没有公共交通线路通过，有没有停车场，是不是要为聚餐者预备交通工具等一系列的具体问题，以及该地点设施是否完备。

2.怎样安排“双满意”菜单

根据饮食习惯，与其说是“请吃饭”，还不如说成“请吃菜”。所以对菜单的安排马虎不得。它主要涉及点菜和准备菜单两方面的问题。

(1)点菜要义。

不仅要吃饱、吃好，而且必须量力而行。如果为了讲排场、装门面，而在点菜时大点特点，甚至乱点一通，不仅对自己没好处，而且还会招人笑话。一定要心中有数，力求做到不超支，不乱花，不铺张浪费。可以点套餐或包桌。这样费用固定，菜肴的档次和数量相对固定、省事。也可以根据“个人预算”，在用餐时现场临时点菜。这样不但自由度较大，而且可以兼顾个人的财力和口味。客人在点菜时，一是告诉主人，自己没有特殊要求，请随便点，这实际上正是对方欢迎的。或是认真点上一个不太贵又不是大家忌口的菜，再请别人点。别人点的菜，无论如何都不要挑三拣四。一顿标准的中餐大菜，不管什么风味，上菜的次序都相同。通常，首先是冷盘，接下来是热炒，随后是主菜，然后上点心和汤，最后上果盘。如果上咸点心的话，就要上咸汤，如果上甜点心的话，就要上甜汤。不管是不是吃大菜，了解中餐标准的上菜次序，不仅有助于在点菜时巧做搭配，而且还可以避免因为不懂而出洋相、闹笑话。

(2)菜的准备。

在宴请前，主人需要事先对菜单进行再三斟酌。在准备菜单的时候，主人要着重考虑哪些菜可以选用、哪些菜不能选用。优先考虑的菜肴有四类。

第一类，有中餐特色的菜肴。宴请外宾的时候，这一条更要重视。像炸春卷、煮元宵、蒸饺子、狮子头、宫保鸡丁等，并不是佳肴美味，但因为具有鲜明的中国特色，所以受到很多外国人的推崇。

第二类，有本地特色的菜肴。比如西安的羊肉泡馍、湖南的毛家红烧肉、上海的红烧狮子头、北京的涮羊肉，在宴请外地客人时，上这些地方特色菜，恐怕要比千篇一律的生猛海鲜更受好评。

第三类，本餐馆的特色菜。很多餐馆都有自己的特色菜，上一份本餐馆的特色菜，能说明主人的细心和对客人的尊重。

第四类，主人的拿手菜。举办家宴时，主人一定要当众露上一手，多做几个自己的拿手菜。其实，所谓的拿手菜不一定十全十美。只要主人亲自动手，单凭这一条，足以让对方感觉到你的尊重和友好。

在安排菜单时，还必须考虑来宾的饮食禁忌，特别是要对主宾的饮食禁忌高度重视。这些饮食方面的禁忌主要有四条。

宗教的饮食禁忌，一点也不能疏忽大意。例如，穆斯林通常不吃猪肉，并且不喝酒。国内的佛教徒不吃荤腥食品，它不仅指的是不吃肉食，而且包括葱、蒜、韭菜、芥末等气味刺鼻的食物。

出于健康的原因，对于某些食品，也有所禁忌。比如，心脏病、脑血管、动脉硬化、高血压和中风后遗症的人，不适合吃狗肉，肝炎病人忌吃羊肉和甲鱼，胃肠炎、胃溃疡等消化系统疾病的人也不合适吃甲鱼，高血压、高胆固醇患者，要少喝鸡汤等。

不同地区，人们的饮食偏好往往不同。对于这一点，在安排菜单时要兼顾。比如，湖南省份的人普遍喜欢吃辛辣食物，少吃甜食。英、美等国家的人通常不吃宠物、稀有动物、动物内脏、动物的头部和脚爪。

有些职业，出于某种原因，在餐饮方面往往也有各自不同的特殊禁忌。例如，国家公务员在执行公务时不准吃请，在公务宴请时不准大吃大喝，不准超过国家规定的标准用餐，不准喝烈性酒。再如，驾驶员工作期间不得喝酒。要是忽略了这一点，还有可能使对方犯错误。

在隆重而正式的宴会上，主人选定的菜单也可以在精心书写后，每人一份，用餐者不但餐前心中有数，而且餐后也可以留作纪念。

3.席位的排列

中餐的席位排列关系到来宾的身份和主人给予对方的礼遇，所以是一项重要的内容，在不同情况下，有一定的差异。可以分为桌次排列和位次排列两方面。

(1)桌次排列。

在中餐宴会活动中，往往采用圆桌布置菜肴、酒水。排列圆桌的尊卑次序，有两种情况。

第一种情况，是由两桌组成的小型宴请。这种情况，又可以分为两桌横排和两桌竖排的形式。当两桌横排时，桌次是以右为尊，以左为卑。这里所说的右和左，是由面对正门的位置来确定的。当两桌竖排时，桌次讲究以远为上，以近为下。这里所讲的远近，是以距离正门的远近而言。

第二种情况，是由三桌或三桌以上的桌数所组成的宴请。在安排多桌宴请的桌次时，除了要注意“面门定位”“以右为尊”“以远为上”等规则外，还应兼顾其他各桌距离主桌的远近。通常，距离主桌越近，桌次越高；距离主桌越远，桌次越低。在安排桌次时，所用餐桌的大小、形状要基本一致。除主桌可以略大外，其他餐桌都不要过大或过小。

为了确保在宴请时赴宴者及时、准确地找到自己所在的桌次，可以在请柬上注明对方所在的桌次，在宴会厅入口悬挂宴会桌次排列示意图，安排引位员引导来宾按桌就座，或者在每张餐桌上摆放桌次牌 (用阿拉伯数字书写)。

(2)位次排列。

宴请时，每张餐桌上的具体位次也有主次尊卑的分别。排列位次的基本方法有四条，它们往往会同时发挥作用。

方法一，主人大都应面对正门而坐，并在主桌就座。

方法二，举行多桌宴请时，每桌都要有一位主桌主人的代表在座。位置一般和主桌主人同向，有时也可以面向主桌主人。

方法三，各桌位次的尊卑，应根据距离该桌主人的远近而定，以近为上，以远为下。

方法四，各桌距离该桌主人相同的位次，讲究以右为尊，即以该桌主人面向为准，右为尊，左为卑。

另外，每张餐桌上所安排的用餐人数应限制在10人以内，最好是双数。

比如，六人、八人、十人。人数如果过多，不仅不容易照顾，而且也可能坐不下。根据上面几个位次的排列方法，圆桌位次的具体排列可以分为两种具体情况。它们都是和主位有关。

第一种情况：每桌一个主位的排列方法。特点是每桌只有一名主人，主宾在右侧就座，每桌只有一个谈话中心。

第二种情况：每桌两个主位的排列方法。特点是主人夫妇在同一桌就座，以男主人为第一主人，女主人为第二主人，主宾和主宾夫人分别在男女主人右侧就坐。每桌从而客观上形成了两个谈话中心，如果主宾身份高于主人，为表示尊重，也可以安排在主人位子上入座，而请主人坐在主宾的位子上。

为了便于来宾准确无误地在自己位次上就座，除招待人员和主人要及时加以引导指示外，应在每位来宾所属座次正前方的桌面上事先放置醒目的个人姓名座位卡。举行涉外宴请时，座位卡应以中、英文两种文字书写。我国的惯例是，中文在上，英文在下。必要时，座位卡的两面都要书写用餐者的姓名。

排列便餐的席位时，如果需要进行桌次的排列，可以参照宴请时桌次的排列进行。位次的排列，可以遵循四个原则。

右高左低原则：两人一同并排就座，通常以右为上座，以左为下座。这是因为中餐上菜时多以顺时针方向为上菜方向，居右坐的因此要比居左坐的优先受到照顾。

中座为尊原则：三人一同就座用餐，坐在中间的人在位次上高于两侧的人。

面门为上原则：用餐的时候，按照礼仪惯例，面对正门者是上座，背对正门者是下座。

特殊原则：高档餐厅里，室内外往往有优美的景致或高雅的演出，供用餐者欣赏。这时候，观赏角度最好的座位是上座。在某些中低档餐馆用餐时，通常以靠墙的位置为上座，靠过道的位置为下座。

4.中餐餐具的使用注意事项

和西餐相比较，中餐的一大特色就是就餐餐具有所不同。我们主要介绍一下平时经常出现问题的餐具的使用。

(1)筷子。

筷子是中餐最主要的餐具。使用筷子，通常必须成双使用。用筷子取菜、用餐的时候，要注意下面几个小问题。

不论筷子上是否残留着食物，都不要去舔。用舔过的筷子去夹菜，是不是有点倒人胃口呢?

和人交谈时，要暂时放下筷子，不能一边说话，一边像用指挥棒似地舞着筷子。

不要把筷子竖插在食物上面。因为这种插法，只在祭奠死者的时候才用。

筷子只是用来夹取食物的。用来剔牙、挠痒或是用来夹取食物之外的东西都是失礼的。

(2)勺子。

它的主要作用是舀取菜肴、食物。有时，用筷子取食时，也可以用勺子来辅助。尽量不要单用勺子去取菜。用勺子取食物时，不要过满，免得溢出来弄脏餐桌或自己的衣服。在舀取食物后，可以在原处“暂停”片刻，汤汁不会再往下流时，再移入自己的碗中。暂时不用勺子时，应放在自己的碟子上，不要把它直接放在餐桌上，或是让它在食物中“立正”。用勺子取食物后，要立即食用或放在自己碟子里，不要再把它倒回原处。而如果取用的食物太烫，可以先放到自己的碗里等凉了再吃。不要把勺子塞到嘴里，或者反复吮吸、舔食。

(3)盘子。

稍小点的盘子就是碟子，主要用来盛放食物，在使用方面和碗略同。盘子在餐桌上一般要保持原位，而且不要堆放在一起。需要着重介绍的，是一种用途比较特殊的被称为食碟的盘子。食碟的主要作用，是用来暂放从公用的菜盘里取来享用的菜肴的。用食碟时，一次不要取放过多的菜肴，否则看起来既繁乱不堪，又脏。不要把多种菜肴堆放在一起，弄不好它们会相互“窜味”，不好看，也不好吃。不吃的残渣、骨、刺不要吐在地上、桌上。而应轻轻取放在食碟前端，放的时候不能直接从嘴里吐在食碟上，要用筷子夹放到碟子前端。如果食碟放满了，可以让服务员换。

(三) 西餐礼仪

预约的窍门。越高档的饭店越需要事先预约。预约时，不仅要说清人数和时间，也要表明是否要吸烟区或视野良好的座位。如果是生日或其他特别的日子，可以告知宴会的目的和预算。

在预定时间内到达，是基本的礼貌。

进入餐厅时，男士应先开门，请女士进入。如果有服务员带位，也应请女士走在前面。入座、餐点端来时，都应让女士优先。就算是团体活动，也别忘了让女士们走在前面。

吃饭时，穿着得体是基本常识。再昂贵的休闲服，也不能随意穿着去餐厅。去高档的餐厅，男士要穿着整洁的上衣和皮鞋，女士要穿套装和有跟的鞋子。如果指定穿正式服装的话，男士必须打领带。

最得体的入座方式是从左侧入座。当椅子被拉开后，身体在几乎要碰到桌子的距离站直，领位者会把椅子推进来，腿弯碰到后面的椅子时，就可以坐下来。就座时，身体要端正，手肘不要放在桌面上，不可跷二郎腿，与餐桌的距离以便于使用餐具为佳。餐台上已摆好的餐具不要随意摆弄。

正式的全套餐点上菜顺序是：①菜和汤；②鱼肝油；③水果；④肉类；⑤乳奶酪；⑥甜点和咖啡；⑦餐前酒和餐酒。没有必要全部都点，点太多却吃不完反而失礼。稍有水准的餐厅都不欢迎只点前菜的人。前菜、主菜 (鱼或肉择其一) 加甜点是最恰当的组合。点菜并不是由前菜开始点，而是先选一样最想吃的主菜，再配上适合主菜的汤。

点酒时不要硬装内行。在高级餐厅里，会有精于品酒的调酒师拿来酒单。对酒不太了解的人，最好告诉他自己挑选的菜色、预算和喜爱的酒类口味，请调酒师帮忙挑选。

主菜若是肉类应搭配红酒，鱼类则搭配白酒。上菜之前，不妨来杯香槟、雪利酒或基尔酒等较淡的酒。

餐巾在用餐前就可以打开。点完菜后，在前菜送来前的这段时间把餐巾打开，往内折三分之一，让三分之二平铺在腿上，盖住膝盖以上的双腿部分，最好不要把餐巾塞入领口。

用餐时，上臂和背部要靠到椅背，腹部和桌子保持约一个拳头的距离，两脚交叉的坐姿最好避免。

进餐过程中，不要解开纽扣或当众脱衣。如主人请客人宽衣，男客人可将外衣脱下搭在椅背上，不要将外衣或随身携带的物品放在餐台上。

不可在餐桌边化妆，用餐巾擦鼻涕。用餐时打嗝是最大的禁忌，万一发生此种情况，应立即向周围的人道歉。取食时不要站立起来，坐着拿不到的食物应请别人传递。

进餐时应与左右客人交谈，但应避免高声谈笑。不要只同几个熟人交谈，左右客人如不认识，可先自我介绍，别人讲话不可搭嘴插话。

每次送入口中的食物不宜过多，在咀嚼时不要说话，更不可主动与人谈话。

吃鸡时，多以鸡胸脯肉为贵。吃鸡腿时应先用刀将骨去掉，不要用手拿着吃。吃鱼时不要将鱼翻身，要吃完上层后用刀叉将鱼骨剔掉后再吃下层。吃肉时，要切一块吃一块，块不能切得过大，或一次将肉都切成块。

鱼肉极嫩易碎，因此餐厅常不备餐刀而备专用的汤匙。这种汤匙比一般喝汤用的稍大而且较平，不但可切分菜肴，还能将菜和调味汁一起舀起来吃。若要吃其他混合的青菜类食物，还是使用叉子为宜。

处理鱼骨头时，首先用刀在鱼鳃附近刺一条直线，刀尖不要刺透，刺入一半即可。将鱼的上半身挑开后，从头开始，将刀放在骨头下方，往鱼尾方向划开，把骨剔掉并挪到盘子的一角，最后再把鱼尾切掉。

喝酒的方法。喝酒时绝对不能吸着喝，而是倾斜酒杯。轻轻摇动酒杯让酒与空气接触以增加酒味的醇香，但不要猛烈摇晃杯子。此外，一饮而尽或边喝边透过酒杯看人，都是失礼的行为。不要用手指擦杯沿上的口红印，用面巾纸擦较好。

喝汤的方法。喝汤也不能吸着喝。先用汤匙由后往前将汤舀起，汤匙的底部放在下唇的位置将汤送入口中。汤匙与嘴部呈45°角较好，身体的上半部略微前倾。碗中的汤剩下不多时，可用手指将碗略微抬高。如果用有握环的碗装汤，可直接拿住握环端起来喝。

面包的吃法。先用两手撕成小块，再用左手拿来吃。吃硬面包时，用手撕不但费力而且面包屑会掉满地，此时可用刀先切成两半，再用手撕成块来吃。避免像用锯子似地割面包，应先把刀刺入另一半。切时可用手将面包固定，避免发出声响。

使用刀叉的方法。基本原则是右手持刀或汤匙，左手拿叉。若有两把以上，应由最外面的一把依次向内取用。刀叉的拿法是轻握尾端，食指按在柄上。汤匙则用握笔的方式拿即可。如果感觉不方便，可以换右手拿叉。但更换频繁则显得粗野。吃体积较大的蔬菜时，可用刀叉来折叠、切分。较软的食物可放在叉子平面上，用刀子整理一下。

休息时，刀叉的摆法。如果吃到一半想放下刀叉略作休息，应把刀叉以八字形状摆在盘子中央。若刀叉突出到盘子外面，不安全也不好看。边说话边挥舞刀叉是失礼举动。用餐后，将刀叉摆成四点钟方向即可。

（四）自助就餐礼仪

人多时按顺序取“物”，不能横冲直撞，更不要加塞儿。

一次取食不要多，吃完再取，可以取几次。取到盘中的食物一定要吃干净，不要剩下。

几个人一起用餐，要各吃各的，不要拼成“摆桌”。

酒水、饮料要看（问）清楚是否免费，然后再喝。

保持相对安静。不要大声喧哗，更不要划拳行令。

吃完饭后，自觉将餐盘等餐具放在指定的位置。

中国是一个礼仪之邦，中国人历来以讲究礼仪、礼貌自居。随着社会的发展和人们交往范围的不断扩大，我们必须入乡随俗去学习很多东西，去尊重对方。同时，也是尊重自己的人格。千万不要用老规矩、用某个地方的民俗，甚至什么规矩都不讲去为所欲为地交际。至于吃西餐“自助”的规矩更多，参加外事活动或出国旅游前一定要向行家请教明白。“子入太庙，每事问。”不但是一种修养，而且是真正懂礼貌的体现。

学会礼貌地善待别人

在餐厅就餐的时候，不要让你身边的座位空着。有人想坐，就让他坐，不要刻意去排斥什么人。我们是一个大家庭，应该善意地对待和尊重别人。

我们都有过被别人忽视的感觉。当班里有孩子被孤立的时候，作为老师，都觉得这是个棘手的问题。我讨厌看到有孩子被孤立，被别的同学晾到一边。我成天对孩子们讲，大家要组成一个大家庭，要包容所有的人。我让他们和班里的每个人都成为朋友，而不仅仅是和几个人。我还对他们说，他们没必要强迫自己去喜欢班里的每一个人，因为作为成年人，我也不会喜欢我见过的所有人，而且只有人类才知道他喜欢什么人，不喜欢什么人。但是我可以保证，我能撇开个人感受，对每个人都很尊敬，充满善意。我让他们知道这些，同时希望他们也能做到。

在午餐时间，如果我注意到有哪些孩子总坐在相同的位置上，或者在故意占座位，我会给这些孩子一个警告：如果再次发生类似情况，我就要排座位表了。我要确保每位学生坐着的时候都能跟别人说上话，没有人受冷落。我经常告诉他们，他们必须这样做，不然我会说：“否则……”（我喜欢这么说。把很多时间花在实施惩罚上可不是什么好主意，因为你永远都不知道可能发生什么事，会使你想减少或者延长惩罚的时间。）

让孩子们学会接受每一个人，不会花费多少时间的。因为大家都有在团体中寻求安全感的需要，甚至包括成年人，也都想得到一种归属感。但不幸的是，这种联盟常常意味着一些人会被排斥在外。有自己的一帮朋友也不错，然而我教育孩子们，必须保证他们自己和他们的朋友懂得包容别人，并努力地接受别人参与他们的活动。

三、馈赠礼仪

讲礼堂

★慈母手中线，游子身上衣。临行密密缝，意恐迟迟归。谁言寸草心，报得三春晖！ ——孟郊

★忍耐是痛苦的，但它的结果是甜蜜的。 ——卢梭

★千里修书只为墙，让他三尺又何妨？万里长城今犹在，不见当年秦始皇。 ——张英

★海纳百川，有容乃大；壁立千仞，无欲则刚。——林则徐

（一）馈赠概述

1.赠送礼品的礼仪要求

在交际活动中，无论我们赠送何种礼品，以何种方式赠送，都要符合一定的礼仪要求，这样才能达到所期望的目的。

2.明确赠送礼品的目的

在交际活动中，赠送礼品的目的主要有三种。

为了交际。礼品的选择，要使礼品能反映赠送者的寓意和思想感情，并使寓意和思想感情与赠礼者的形象有机地结合起来。

为了人情。人情即人际关系。人情强调礼尚往来，以“来而不往非礼也”为基本准则。因此无论从礼品的种类、价值的大小、档次的高低、包装的式样、蕴含的情义等方面都呈现多样性和复杂性。

为了酬谢。这类馈赠是为答谢他人的帮助而进行的，因此在礼品的选择上十分强调其物质利益。礼品的贵贱厚薄，取决于他人帮助的性质。

3.遵循赠送礼品的原则

我们在赠送礼品时，要针对不同的对象和场合，选择合适的时机，遵循一定的原则才能做到有“礼”而人不怪。

4.礼物轻重得当

一般讲，礼物太轻，又意义不大，很容易让人误解为瞧不起他。礼物太贵重，又会使接受礼物的人有受贿之嫌，一般人就很可能婉言谢绝。

5.送礼间隔适宜

送礼的时间间隔也很有讲究，过频过繁或间隔过长都不合适。一般来说，以选择重要节日、喜庆、寿诞送礼为宜，送礼的人既不显得突兀，受礼的人收着也心安理得，两全其美。

6.了解风俗禁忌

送礼前应了解受礼人的身份、爱好、民族习惯，免得送礼送出麻烦来。

7.礼品要有意义

实际上，最好的礼品应该是根据对方兴趣爱好选择的，富有意义、耐人寻味、品质不凡却不显山露水的礼品。选择礼物时要考虑它的思想性、艺术性、趣味性、纪念性等多方面的因素，力求别出心裁，不落俗套。

总而言之，我们在赠送礼品时要注意礼品定位。礼品定位解决了之后，你才会涉及其他的问题。

8.赠送礼品的时机与场合

(1)赠送礼品的时机选择。

在赠送礼品时机的选择上，我们主要从以下几个方面入手。

①传统的节假日。

一般来说，选择新春、元旦、端午、中秋、圣诞节赠送礼品是最流行的做法。特别是对港、澳、台同胞和海外华人华侨，在中国的传统佳节里送礼，往往有意想不到的效果。

②赠送对象特有的纪念日。

对方特有的纪念日主要有以下两个方面。

商务相关的纪念日。如对方的晋升、获奖、公司的成立日、公司成立纪念日等。

家庭相关的纪念日。如对方的生日、结婚、生小孩、重病初愈等。

③其他特殊的赠送时机。

在会见和会谈时，如果准备向主人赠送礼品，一般应当选择在起身告别之际。

拜访、赴宴、道喜、道贺、酬谢时，如拟向对方赠送礼品，通常选择在双方见面之初相赠。

出席宴会时向主人赠送礼品，可在起身辞行时进行，也可选择在餐后吃水果之时。

观看演出时，可酌情为主要演员预备一些礼品，并且在演出结束后登台祝贺时当面赠送。

游览观光时，如果参观单位向自己赠送礼品，最好在当时向对方回赠一些礼品。

为专门的接待人员、工作人员准备的礼品，一般在抵达当地后尽早赠送给对方。

朋友家碰上意外之灾，你及时去看望他们，即使送上一份薄礼，但礼轻情义重，它会使你和朋友之间的感情更加深厚。

作为东道主接待外国来宾时，如要赠送一些礼品，可在来宾向自己赠送礼品之后进行回赠，也可以在外宾临行的前一天，在前往其下榻之处进行探访时赠送。

④与外国客户交往时应注意的赠送时机。

在有的国家 (如日本)，要选择人不多的场合送礼。而在阿拉伯国家，必须有其他人在场，送礼才不会有贿赂的嫌疑。

在英国，合适的送礼时机是请别人用完晚餐或在剧院看完演出之后。

在法国，不能向初次结识的朋友送礼，应等下次相逢的适当时机再送。

(2)赠送礼物的场合。

馈赠礼物要考虑场合，不同的场合要选送不同的礼物。这样我们既能达到礼仪的要求，又能使得对方心情愉悦。

赴宴做客时应给女主人带些小礼品，有孩子的可给孩子送个玩具。

参加婚礼可送上一束花或一件工艺品，并致以美好的祝福。

逢年过节，可送日历、烟、酒、糖、茶等礼物。

如果赠送的礼品实用价值不高却具有某种象征意义，不妨在公开场合赠送。如一束鲜花、一枚徽章、一张贺卡等礼品，就可以直接送到对方的办公室。

如果你想让众人变成你们真挚友情的见证人，送礼也适宜在公开场合。

(二) 馈赠要求

1.情感性

馈赠礼品要重视其情感意义。礼品作为友好的象征物，其意义并不在礼品本身，而在于通过礼品所传达的友好情意，这是馈赠礼品的基本思想。所谓“千里送鹅毛，礼轻情义重”。情义是无价的，情义是无法用金钱来衡量的。“烽火连三月，家书抵万金。”这句话同样说明“情”的价值，丝毫也不夸张。著名作家萧乾当年访问一位美籍华人朋友，特意捎去几颗生枣核，他深深知道：朋友身在异国他乡，年纪越大，思乡越切。送去几颗故乡故土的生枣核，让它在异国他乡生根、开花、结果。果然，那位美籍朋友一见到那几颗生枣核就勾起了缕缕乡情，他把枣核托在手掌，仿佛比珍珠玛瑙还贵重。因此，选择礼品时，勿忘一个“情”字，应挑选价廉物美、具有一定纪念意义或具有某些艺术价值，抑或是受礼人所喜爱的小艺术品，如纪念品、书籍、画册等。

选择礼品的价值要“得体”。并非是价值越昂贵的礼品所表达送礼者的情意越深厚。送礼要与受礼者的经济状况相适合，中国人历来有“礼尚往来”的习俗，若受礼者的经济能力有限，当接到一份过于贵重的礼品时，其心理负担一定会大于受礼时的喜悦，尤其当你有求于对方的时候，昂贵的厚礼会让人有以礼代贿的嫌疑，不但加重了对方接受这份礼品的心理压力，也失去了平衡交流的意义。

2.独创性

送人礼品，与做其他许多事情一样，是最忌讳“老生常谈”“千人一面”的。选择礼品，应当精心构思，匠心独运，富于创意，力求使之新、奇、特，这就是礼品的独创性。赠送具有独创性的礼品给人，往往可以令其耳目一新，既兴奋又感动，因为这等于是“特别的爱献给特别的你”。真是这样的话，赠送者在对方心目中往往也会因此“升值”。

3.时尚性

赠送礼品应折射时代风尚。当今人们追求生活的高尚品位，什么样的礼品够档次，多半取决于礼品是否符合时代风尚。改革开放以来，随着人们生活水平的提高和思想观念的转变，人们相互馈赠礼品也发生了质的变化和飞跃，从经济实用的物质型礼品向高雅、新潮的精神型礼品转化。“精神礼品”受青睐已成为当今人际交往中的一道亮丽的风景线。它包括：

智力型，如报纸、杂志、图书、各种教学录音带、电脑软件等；

娱乐型，如唱片、激光影碟、体育比赛门票、晚会展览会入场券等；

祝贺型，如鲜花、节日贺卡、各种礼仪电报等。

4.适俗性

挑选礼品时，特别是为交往不深或外地区人士和外国人挑选礼品时，应当有意识地使赠品与对方所在地的风俗习惯一致。在任何情况下，都要坚决避免把对方认为属于伤风败俗的物品作为礼品相赠，这样才表明尊重交往对象。如在我国大部分地区，老年人忌讳发音为“终”的钟，恋人们反感于发音为“散”的伞，阿拉伯地区严禁饮酒。在西方，药品不宜送人。因此在涉外交往中，要根据不同国家、地区的习惯与个人的爱好做些必要的选择，赠礼风俗是我们不能忽视的，这也是一个重要标准。1972年，尼克松总统准备访华，急于寻求能代表国家的礼物。美国保业姆公司闻讯后，趁此良机，向尼克松总统献上公司生产的一尊精致的天鹅群瓷器珍品，因为瓷器的英文也具有“中国”的意思，尼克松一见，大喜过望，于是把这尊具有双重意义而且具有很高艺术价值的瓷器珍品带到了中国。

（三）馈赠礼仪

选择适当礼物，尊重当地送礼禁忌。对礼物进行适当包装。

送礼的最佳时机是进入主人住处后，在主人表示欢迎的时候将礼物送出。回赠礼物的最佳时机应是客人提出告辞的时候。除非收礼者不在，最好把礼物当面赠送。赠送或回赠礼物时双手递上，并做简短说明或介绍。

接受礼物时，双手接过并致谢。征得送礼人同意，可以当面打开，对礼物表示赞美。将礼物放在一边不予理睬是失礼的行为。如认为礼物过于贵重或其他原因不宜接受，应予婉拒。

学会礼貌地接受礼物

接受别人的礼物时，永远不要对这件礼物说三道四，或暗示你不喜欢，以至于让送你礼物的人难堪。

有一次，我带领我们班所有学习好的同学一起去夏洛特·霍内茨省观看篮球赛。他们住在宾馆里，不仅能见到运动员，还参加了比赛期间的一个狂欢活动。第二个月，为了奖励这些最好的学生，我又组织了一场活动，准备领他们去附近的一个保龄球馆。这次活动显然和上次的没法比，所以无法引起这些学生的兴趣。他们将两次活动比来比去、品头论足。他们的这种做法伤害了我的感情，因为绝大多数老师根本就不带他们的学生出去玩儿，而我带他们去玩儿了，他们还嫌这次活动不怎么样！为了给他们点教训，我取消了这次活动，也没给他们其他奖励。取消这次活动表面看起来似乎有点残忍，但它确实是个有效的办法，可以把我要表达的想法传达给这些不懂得领情的学生。至于为什么被惩罚，我想他们会永远记着的。

送别人一件礼物，但受礼人不喜欢，这确实让人感到郁闷。假如有人说我的小外甥奥斯汀不太有礼貌，我一点儿不觉得奇怪。他是我姐姐和姐夫从乌克兰领养来的。他四岁刚被领来的时候，觉得什么东西都好，别人送他一件礼物，他会小心地把包装纸一点一点地掀开，然后轻轻地打开盒子看礼物。他的脸上总是泛着兴奋的光彩，不论盒子里有什么东西：袜子也好，书也好，衬衫也好，他都会把礼物紧紧地抱在胸前。现在，他已经来一年多了，情况却发生了很大变化。我经常送他礼物，最近我常送衣服。如今，他收到礼物的时候总是把包装纸用力扯开并扔在一边。（当然，对他的这个行为我不想加以指责，倒觉得挺好玩儿的）当看到里面的礼物是衣服时，他就会皱着眉头，拖长声音叫道："罗恩舅舅……"好像我在送礼物方面应该有点创意，而不要总买这些招他讨厌的东西。我猜所有的孩子都会有这种感觉。但不论谁送他们什么礼物或给他们什么奖励，都不能对对方没有礼貌，重要的一点是教他们不能用这种方式表达。我现在正在对奥斯汀做这项工作，但是以他目前的年龄，还要再多做一些练习。他现在会说"罗恩舅舅，我很喜欢这件礼物"了。瞧，他正在学呢！

四、乘坐交通工具礼仪

讲礼堂

★度尽劫波兄弟在，相逢一笑泯恩仇。——鲁迅

★世界上最宽阔的是海洋，比海洋更宽阔的是天空，比天空更宽阔的是人的胸怀。——雨果

★宽宏精神是一切事物中最伟大的。——欧文

★没有宽宏大量的心肠，便算不上真正的英雄。——普希金

很多人在单位的时候，自我约束得不错，表现得"人模人样"，可一旦在外面乘坐交通工具的时候，就像脱了缰的野马，丑态百出。

乘坐公共汽车。目前国内的现状决定了公共汽车上基本都是很"团结体贴"的。所以，就必须做到在自我约束的基础上，互敬互让，文明用语常挂嘴边，才能够避免很多不必要的摩擦。作为年轻人，应该主动将座位让给老

人、儿童、孕妇以及病人，而不要看到需要让座的情况，赶紧闭上眼睛装“已然入仙境”，而丢了自己的翩翩风度。有些人知道不应该把瓜果皮壳等扔在车内，却顺手从窗口扔出去，这同样是不道德的。其实，每辆车上都有垃圾箱，完全可以多走两步把垃圾扔进垃圾箱里。雨天乘车，要把雨伞放到事先准备好的塑料袋里。

我们介绍一个在公共汽车上体面获得座位的方式。一般汽车车票因里程不同而有不同的颜色，很明显的。你可以注意一下坐着乘客的车票颜色，谁的里程最短，你就站在谁的座位边。

乘坐其他交通工具。不管在公共汽车上、火车上、地铁或是飞机里，保持安静是文明的表现。公共场所排队等候是必要的。

坐列车时，较大行李应放在行李架上。在座位上，如果把鞋脱了，伸出脚搁在对面座位上，自己当然是舒服了，但这样很不雅观，更是对对面乘客极大的不尊重，尤其是一些乘客的脚有异味。一般在车厢里应自觉保持安静，不要大声聊天。废弃的物品要自觉放在垃圾箱里。阅读后的报纸或杂志要整理好，不要随便乱扔。吸烟者，应到列车的吸烟区或两节车厢间的过道去吸。

坐飞机时，登机坐下来后就要把安全带系好，等待起飞。要遵守飞机上的一切规章制度。比如上厕所，要尽量在飞机起飞、降落之前完毕。用餐完毕时要将座椅复原，吃东西轻一点。等飞机完全停稳后再站起来拿行李并排队按顺序出去。

坐小轿车和出租车。如果你很在意你的位置和身份的统一，就要知道，当专职司机驾驶的时候，以后排右后座为首，左座次之，中座再次之，司机旁边的座位为末座。如果是主人驾车，他旁边的位置就为首座。女士登车的时候，千万不要一只脚先踏进车内，也不要爬进车里。应该先站在车门边，把身体降低，让臀部先坐到位置上，再将双腿一起收进车里，双膝保持合并的姿势，系好安全带。

学会把方便留给别人

当我们外出活动，需要乘自动扶梯的时候，我们应该站在右侧，把左侧留出来让给那些有急事、要赶着上下的人。在进入电梯、地铁或地下通道前，要礼让出去的人先行。

大学毕业后我去了伦敦，在那里，我被伦敦人在地铁里的表现所震惊，后来在日本旅行的经历也给我留下了很深的印象。两个地方的人都很在意给别人让路，尊重别人的空间。在自动扶梯上，人们都站在右侧，留出左侧的通道来给需要走动的人。在电梯门口，每个人都站在一起，让出来的人先行，自己再进去。一切井然有序，系统自行运转。在日本，进地铁门之前，人们就自动排好一个单列，然后鱼贯而入，绝无推搡现象。

今年我在全美很多地方旅行，所到之处，无数次有感于人们在公共场所缺乏彼此尊重的意识。其中让我印象最深的是，绝大部分人不知道在自动扶梯上应该站在右侧，从左侧走动。由于我经常要赶飞机或开会，每次都不得不在自动扶梯上走，可无论左边还是右边都站着人。有好几次真想大喊："站着的人到右边去，走动的人到左边来！"我确实想推广这套系统，感谢上帝，现在我可以给我的学生们解释这个系统是如何运转的了。我希望他们能帮我加以推广，能让大家理解，尊重别人的空间是多么重要。

五、外出游览观光礼仪

讲礼堂

★唯宽可以容人，唯厚可以载物。　——薛瑄

★不会宽容别人的人，是不配受别人宽容的，但谁能说自己是不需要宽容的呢？　——屠格涅夫

★人心不是靠武力征服，而是靠爱和宽容大度征服。　——斯宾诺沙

★一个伟大的人有两颗心：一颗心流血，一颗心宽容。　——纪伯伦

遵守时间约定，到达指定地点。

衣着要端庄、不穿臃肿的服装和硬底鞋。

行进间，不吃零食，不勾肩搭背。

候车、购物、购票、入场应遵守秩序。

不随意吸烟、乱扔杂物、践踏草坪、攀折花木或在树木上刻字。

不追捉、打闹、乱喂动物。

不长期占用公用设施。

参观竞技表演，不无谓叫嚣。

对解说员及向导应当尊重，在听取讲解时保持安静，不得高声喧哗。

如至寺院参观，不得随意乱行，东观西看，或随意出入。

拍照、摄像要遵守规定。

要尊重各民族的宗教习俗。

学会在影院里的文明行为

在电影院看电影时，无论如何都不能说话。我不在乎电影好不好看，也不在乎你想对你旁边的人说些什么，总之不能说话，耳语也不行。你也不能把脚搭在你前边的椅子上。在看电影的时候，如果你想吃东西，要尽可能安静地吃。如果你事先买好了零食准备在看电影的时候吃，要在电影开始前打开包装袋。在电影放映过程中，打开袋子会发出声音，从而影响别人。此外，在电影放映期间开着移动电话或寻呼机，也是很不礼貌的行为。

对此，我总是感到很无奈，每当我向学生们提出看电影不要说话的要求时，他们总是会有微词，问我为什么不能说话。还有，他们不明白，为什么在饿了的时候不能吃零食，或者在累了的时候不能把脚放在前面的椅子上。这说明他们并没有弄明白约束自己行为的意义何在。值得欣慰的是，我一旦让他们明白了为什么要这样做，他们就能立即按照我的要求行事。

在电影《惊声尖叫》中有这样一个场景，一个女孩儿在看电影的过程中一直不停地打电话，周围的人不断要求她闭嘴，而她却说："我和你们一样，都是花钱买了票进来的。"那个场景很滑稽，但遗憾的是，许多人都持着这种态度。最近我和朋友埃里卡去看了一场电影，她知道我很在意电影院里的举止，于是向我保证她会关掉自己的移动电话。当我们坐在拥挤的电影院里时，我听到埃里卡在轻声说话。我以为她在和旁边的人说话，刚要轻轻推她，让她保持安静，却发现她在打电话。她看到我不高兴，便对我耳语道："怎么了？我都把手机调到震动状态了。"

让全世界的人都遵守电影院里的文明举止，也许是不可能的，但是我希望通过向孩子们指出正确的做法，从而使很多人看电影的经历成为一种更加愉快的享受。我第一次带哈莱姆的学生们去电影院的时候，我从头至尾一直在制止他们说话。可学年结束时就不同了，我们去了另一家电影院，在看预告片的时候，我们后排坐着一家人，是一位母亲带着三个孩子，他们不停地说完一件事情，又扯另一件事情，我一直试图和这位母亲的眼睛对视，想用我的面部表情向她表示不满，但是她始终没向我这边看。我的学生们依旧安静地坐在那儿专心看电影，试图不受噪声的影响。最后，预告片放映结束的时候，一些学生对我说道："克拉克先生，咱们能换个地方吗?"我认为这个想法不错，于是我们全体37人都站起来走到了过道上，转移到电影院里的另一个位置。我不能确定那位女士是否理解了我们的暗示，但重要的不在这里，而在于她和她孩子的行为是错误的。可仅仅在几个月以前，我的学生们也会认为这很正常，而且，他们也会这么做。

六、乘坐电梯礼仪

讲礼堂

★历览前贤国与家，成由勤俭败由奢。——李商隐

★礼节及礼貌是一封通向四方的推荐信。——伊丽莎白

★礼仪是微妙的东西，它既是人们交际所不可或缺的，又是不可过于计较的。——培根

★知识使人变得文雅，而交际使人变得完善。——乔·富勒

电梯门口处，如有很多人在等候，此时请勿挤在一起或挡住电梯门口，以免妨碍电梯内的人出来。

上电梯不可争先恐后，要遵循先来后到的原则。

电梯内如果有人，男士、晚辈、下属应让女士、长辈、上司和老弱病残

者先进入电梯；电梯里如果没有人，男士、晚辈或下属可先进入电梯按住开门按钮。

如果电梯门即将关上，但还有人没进来，先进入电梯的人应帮助他人将开门键按住，等后面的人进来。

当电梯关门时，不要扒门，或是强行挤入。在电梯人数超载时，不要心存侥幸，非进去不可。

进入电梯后，应正面朝向电梯口，以免造成面对面的尴尬。

需要按按钮但又够不着时，不要将胳膊伸得太长，而是请离按钮近的人帮忙。电梯无专职人员操作时，靠近按钮的人应负责帮助他人操作电梯。

电梯里不要大声讲话，也不可乱丢垃圾，更不能吸烟。

学会完整地回答问题

书面回答问题时，句子要写完整。举个例子，如果问：“俄国的首都是哪里?”书面的回答应该是：“俄国的首都是莫斯科。”同样，为了表示对他人的尊重，你在回答别人问话时，也要用完整的句子，这点很重要。举个例子，如果有人问你：“你好吗?”你不能简单地回答：“很好。”而应该说：“我挺好的，谢谢你，你怎么样?”

这条规矩能帮助孩子们提高书面语言的表达能力，可以帮助他们开发和理顺自己的思维，尤其是当要求某个问题的答案简短而精炼的时候。举个例子：“你觉得上学时间增加 45 分钟这一建议能通过吗?”答案往往只是一个简单的“不”字，不会有更多的解释，除非孩子们被训练过，知道有必要进一步完整地回答问题。

我在北卡罗来纳州有一个同事叫芭芭拉·琼斯，尽管她是教数学和科学的，但是在结合自己的课程训练学生们的书写能力方面，她确实做得非常好。

她带领学生们进行了一次数学旅行，在这次旅行中，他们需要用文字的方式解释清楚一路上遇到的各种问题，以及解决方案。她总是要求他们先复述问题，再用完整的句子回答，这确实是使各学科有机结合的一个好办法。我作为学生的写作教师，对她在训练孩子们写作技巧方面付出的额外努力，也深表钦佩。

在北卡罗来纳州，每年都有一次五年级的开卷评定考试。考试内容是让学生阅读一段课文，然后就课文内容进行简短阐述。那时候，我的学生们的阅读能力很差，远远低于平均水平。在平时练习写作的时候，我一直让他们遵循下面的方法回答问题。

问题举例：在篮球运动员当中，你认为劳埃德和詹森谁更棒？

第一步，重复问题，并给出你的答案。

在篮球运动员当中，我认为劳埃德更棒。

第二步，给出你这么认为的理由。

我认为劳埃德更棒，是因为决定胜负的那一分是他得的。

第三步，写出支持你的答案的论据。

他能赢得决定胜负的那一分，说明他在压力面前很镇定，也表明他有必胜的决心。

第四步，复述问题并下结论

因此，我认为作为一个运动员，劳埃德比詹森要好些。

……

根据上述基本要领，在做了大量的练习之后，不久学生们就可以写出非常好的答案了。在掌握了这项技巧之后，学生们就可以根据这些要领写出更富有创造性和更为详尽的答案了。他们会按照步骤的要领写出条理分明的答案，这使他们写出的答案棒极了！那些不会阅读的学生也发现这个办法很容易学，并用这个法子取得了进步。

在我教书的第一年里，离开卷考试还有三个星期了，我接手的这个班还有很多不会阅读的孩子，只会干坐着，眼睛瞪着卷子却写不出任何东西。我当时心情很难过，但唯一能做的事就是微笑地看着他们，嘱咐他们尽自己最大的努力。在这所学校，我教过两次五年级的班，第一年，我们的考试分数是本地区的最后一名。第二年，我决心要让我们班的名次有所提升。我总结出写作的要领，并用了一年的时间，在所有的学科中都用这个办法练习。最后，考试结果出来了，我们学校所有的五年级学生都通过了考试，而且，我们学校的名次是全地区第一。我甚至让一年级的孩子都通过了这次考试，因为他们学会了重复问题，得出答案，写出支持答案的论据，最后以复述问题结尾。

下　篇

师德篇

第一章 教师人文素养概论

一、人文起源及发展变化

讲礼堂

◆热爱孩子是教师生活中最主要的东西。

——苏霍姆林斯基

◆教师的职务是“千教万教，教人求真”；学生的职务是“千学万学，学做真人”。

——陶行知

◆温和地训练儿童，使他们养成受了痛苦而不畏缩的习惯，这是一种可以使他们精神镇定、并且为他们日后的生活奠定勇敢与果断的基础方法。

——洛克

人文一词，最早出现在《易经》中贲卦的彖辞：“观乎天文，以察时变，观乎人文，以化成天下。”北宋·程颐《伊川易传》释作：“天文，天之理也；人文，人之道也。”人文原来是指人的各种传统属性。

人文一词在英文中是 humanism，通常译作人文主义，欧洲文艺复兴时代的人文学者，在超越和反对中世纪宗教传统的过程中，把希腊、罗马的古典文化作为一种皈依，用这种办法来回归世俗的人文传统。到19世纪欧洲出现人文学科，20世纪英美的大学开始出现人文学科。

二、人文素养的含义

何谓“人文素养”？综观文献资料，归结起来，人文素养是指一个人为人和发展为人才的内在素质和修养。其内涵十分丰富，可分为三个层次。

基本层——人性。尊重人的价值，对人的幸福和尊严的追求，崇尚自由意志和独立人格；珍惜生命，有同情心、羞耻感、责任感；有一定的逻辑性、个人见解和自制力，做事较认真，思维清楚，言行基本得体。

发展层——理性。有理性思考和好奇心，关爱生命和自然，目标明确，积极乐观、崇尚仁善、乐于助人；重视德行修养，具有超功利的价值取向，有较强的责任感和自制力；思维清晰，做事认真，见解独到，言行得体。

境界层——超越性。拥有丰富的心智生活，关注人的心灵与渴望，具有理想主义的倾向，追求完美；有高度的责任心，自觉践行社会的核心价值，意志坚韧；尊重文化的多样性，宽容大度，对古典文化能够守经答变，返本开新；思维敏捷、深刻，善于创新，言行优雅。

目前，对人文素养一词的解释，在各类文献中尚无明确概念。遵循字面含义，“人文”当为人文知识，如：政治、经济、历史、哲学、文学、法学等，而“素养”是由“能力要素”和“精神要素”组合而成的人的内在品质。

三、人文素养与人文精神

人文素养的灵魂，不是“能力”，而是“以人为对象、以人为中心的精神”，其核心是对人类生存意义和价值的关怀，这就是“人文精神”。它追求人生和社会的美好境界，以主张思想自由和个性解放为标志，使一切追求和努力都归结为对人本身的关怀。人文精神包括科学精神、艺术精神和道德精神。

现代人文精神具有时代的特征，它是在历史中形成和发展的，由人类优秀文化积淀凝聚而成的，是内在于主体的一种精神品格。它在宏观方面汇聚于民族精神之中，在微观方面体现在人们的气质和价值取向之中。

《大不列颠百科全书》解释：人文，是指人的价值具有首要的意义。“人文”是潜移默化的、长远的东西。现代汉语词典解释：“人文”，指人类社会的各种文化现象。所谓“素养”，一般是指人们后天形成的知识、能力、习惯、思想修养的总和。所以“人文素养”指人所具有的文学、史学、哲学和艺术等人文学科知识和由此所反映出来的精神在心理上的综合体现。

由此可见，人文素养是指做人应具备的基本品质和基本态度，包括按照社会要求正确处理自己与他人、个人与集体、个人与社会、个人与国家，乃至个人与自然的关系。

简而言之，人文素养就是指人们在长期的学习和实践中，将人类优秀的文化成果通过知识传授、环境熏陶，使之内化为人格、气质、修养，成为相对稳定的内在品格。其核心就是“学会做人”——做一个有良知的人，一个有智慧的人，一个有修养的人。

四、人文素养教育的现实意义

(一) 现代教育改革发展的需要

社会的进步，科学技术的发展，对教育提出了更高的要求。但是在传统的应试教育的影响下，科学教育和人文教育长期分离，中小学教育负担过重，大学存在“专业教育过窄、功利主义倾向过强，人文素养过弱”的状况。为此，要更新教育观念，加大教育教学改革力度，调整课程体系，鼓励学生积极参加社会实践活动，提高综合素质。

随着社会的不断发展，教育必须更好地适应社会的政治、经济和文化需求，加快改革与发展，充当好社会发展的“动力源”、经济增长的“促推器”和社会变革的“智囊团”。因此，教育必须走科学与人文相融合的道路，将学校办成传递科学知识与体现人文关怀的人才培养基地。

由此，教育已经进入大众化时代，当今社会的人才竞争是专业知识和人文素养的综合竞争。人文教育是提高学生综合素质，促进其可持续发展的重要教育活动。为此世界各国越来越重视人文教育，以提高人才的竞争力。

(二) 培养高素质人才的需要

一个人的精神世界有三大支柱：科学、艺术、人文。科学追求的是真，给人以理性，科学使人理智；艺术追求的是美，给人以感性，艺术让人富有激情；人文追求的是善，给人以悟性，人文中的信仰使人虔诚。

人类的多元化发展一方面需要依赖于科学乃至科学教育提供物质财富，另一方面更需要人文教育提供人文素养与精神财富。从一定意义上讲，追求人的价值取向乃是生命意义的真正所在。同时，知识经济所需要的创新人才不仅要有高水平的思维能力，而且还必须有创造的激情、动力与无私无畏的奉献精神。因此，科学教育与人文教育的融合，正是满足个体发展过程中物质与精神需要的客观要求。

“知识”“实用”与“人文”“理想”是人类生存和发展不可或缺的两个价值向度。二者的根本区别在于：“知识”的重点是如何去做事；“人文”的重点是如何去做人。“知识”提供的是“器”，“人文”提供的是“道”。若只强调其中一方面，就会给人们带来麻烦。科学技术是一把双刃剑，它在给人类带来机遇和发展的同时，也可能带来问题甚至灾难。无数事实证明，只有依靠人文精神，才能驾驭科学技术，使之为人类和社会进步服务。如果科学技术背离了人类共同遵守的道德规范，就会产生消极力量。

由于自然科学主要是依靠逻辑思维，而人文社会科学主要是依靠形象思维，培养良好的人文素养可使学生进行两种思维方式的互补训练，形成全面的知识结构，这对于学生创新思维的培育具有良好的促进作用。事实证明，超一流的科学家身上蕴含着超一流的人文素养。如在科学发展史上具有划时代意义的爱因斯坦，不仅是一位建树卓越的科学家，而且还是一位伟大的哲学家。那些为人类历史发展做出过卓越贡献的伟大科学家，如居里夫人、爱迪生、李四光、竺可桢、华罗庚、钱学森等，他们对人类的贡献，不仅在于科学本身，还在于他们伟大的精神力量和可贵品格。因此，培养学生良好的人文素养，将关系到他们在所学专业上的成就，为创新思维的培养和开展创造性活动打下坚实的基础。

五、提升人文素养教育的途径

（一）提高教师的人文素养

常言道：“经师易得，人师难求。”作为实施教育主导者的教师，其素质的高低直接影响着教育的成败。因此，学生人文精神的培养，很大程度上依赖于教师人文素养的提升。

（二）鼓励教师积累广博而深厚的文化底蕴

教师对人类文化的各个领域都应有所涉猎，熟谙诸子百家，略通天文地理，形成自己对生命、对生活、对社会的独特理解和感悟。阅读是教师的立身之本，是自身成长的必需，是现代教师的另类备课，是催开教育之花的源源活水。只有爱读书的老师，在课堂上才能左右逢源，如鱼得水。

（三）引导教师形成敏锐而深邃的时代感悟

教师不仅要有“信息”量上的增加，更要有深刻的洞察和体验（包括反思、感悟、启迪等），不断提升自己的智慧和灵性，依靠其专业知识、人文底蕴、审美情趣、品德修养的显扬和施教技艺的高超来赢得学生的认同和模仿，逐步将人文知识内化为人文素养。

（四）培养教师健康而多彩的生活情趣

富有童心，充满对新鲜事物的好奇；开朗乐观，幽默风趣，多姿多彩；朝气蓬勃，奋发进取，充满对理想生活的执着追求。这是教师永葆青春活力的秘诀，也是一种有效的课程资源。它将熏陶和感染学生，让他们形成对生命的理解、对生活的感悟、对人生的信念。

作为教师，应有高尚的师德和高超的技能。有些教师比较重视“教的作用”，而忽视了“师的影响”。所谓师的影响，就是教师的个性魅力对学生产生的吸引力、影响力。课堂是一个完整的生命体，不仅需要理性地启发和诱导，更需要感性地点燃和熏陶。教师不仅是传道授业解惑的“业师”，更是身教心教育人的“智者”。教师是一个榜样、一面旗帜、一座灯塔、一个活生生的人文载体。教师的人文素养，便是教之内功、师之根本，它处在教师整体素养中的核心位置，决定着教师职业的意义和价值。

一名好教师应当积极适应形势的要求，促进自身持续发展，在更高的起点上不断实现自我超越。“人文素养”是一个内涵深刻、外延丰富的范畴，是教师实现自我超越的“更高起点”的基石。正如蔡元培先生所言，教育的终极目标是人格养成。若教师没有一定的人文素养显然是办不到的。

鲁迅先生说过：“人是要有一点精神的。”一名教师要有职业精神，即师魂。在教师队伍中要倡导“五种精神”：终生从教的献身精神、认真执教的敬业精神、爱生如子的园丁精神、博学勤思的创新精神、奋发进取的拼搏精神。教师在教育事业中的无私奉献也体现了自己的人生价值。

（五）加强文化素质教育，促进科学与人文的交融

杨叔子院士曾说："文化素质教育的核心是科学与人文的交融，重点是民族文化的教育。现代文化素质教育就是为做人、做中国人、做现代中国人奠定基础。"2004年11月召开的世界工程师大会，一直强调现代工程师要学人文，要提升工程师的人文素养。英国皇家工程院院长布鲁斯爵士提出："高级工程师、高级技术人员要有广阔的知识基础，必须把人文科学和社会科学融合进工程技术中。如果不懂得人文，必定会走向很危险的路。"

（六）深化教学改革，调整教学内容，构建新的课程体系

教师要用人文的观点理解教材、运用教材，充分挖掘教材中的人文因素，把人文素养教育内容渗透到教学的各个环节。由人文知识教育到人文精神的内化是一个长期的过程，是通过人文知识对人的濡染与涵化，训练人文思维、提高人文能力、培养人文精神的教育，最终达到人的全面、可持续发展。

有的大学对新生一律进行中国语文水平考试。这源于曾经有位学生给校长写信讲："我们中国的大学生，英语四级考试不通过，不能拿学位；可是中文作文不行，还能拿学位，这是为什么？"校领导认为有道理。进行中国语文水平考试，是加强人文素养教育的措施之一。假如一个中国的学生，不能用自己国家的文字与语言表达思想，就很难说对中国文化、对中国历史有什么了解，从而也很难谈对中华民族的感情。

现在，世界上很多国家兴起了"学汉语热"，不少国家办起了孔子学校，中国的东南周边一些国家至今保留着中华民族传统文化。在韩国，无论是国立博物馆，还是楼堂管所，都能看到用汉字书写的诗词对联，韩剧《大长今》也折射出中华民族的传统文化风貌。由此得到的结论是：韩国文化的"根"在中国。而我们中国的有些年轻人却忘记了自己的"祖宗"，实不足取。

我们既不搞大国沙文主义，也不搞狭隘的民族主义，但是如果世界文化单一化，全盘西化，单调的文化只能导致世界倒退。我们的文化是有五千多年历史的中华民族文化，我们的国家是有十几亿人口的大国，如果我们不能保持与发展自己优秀传统文化，对人类历史的发展绝不是什么好事。中国，作为世界民族之林中的成员，要提高本民族的人文素质、本民族语文水平，这是毫无疑问的。

（七）发展校园文化

优秀的校园文化能凝聚成一种精神，这种精神会以其独特的感染力、凝聚力，教育和塑造人们的心理、性格和自我意识，使每个师生都能自觉地遵守日常行为规范，增强对学校的认同感，产生一致和自觉的行为方式，使学生的人格得到塑造，个性得到发展，精神得到升华。发展校园文化应把握好“三性”。

1.目标定位先导性

校园环境的人文氛围，对学生具有强大的潜移默化的作用。学生来自五湖四海，他们的思想观念、言行举止、生活习惯有一定的差异，加之种种因素的影响，部分学生对学校缺乏认同感和归属感。有些学生人文底蕴不足、心态浮躁、易受诱惑，由此演化出某些影响教学秩序的不良倾向。这就需要通过先进的校园文化，像春雨般润人心田，使其从内心里潜移默化地产生“家园意识”，凝心聚力，共谋发展。

2.活动载体多元性

加强校园文化建设，一是开办系列人文讲座，引导学生提高人文素养；二是以校报、校园网和广播站为载体，拓展校园文化活动空间，这既是广大学生实习实训的平台，又是展示学生才华的舞台；三是建立人文社团，如新闻、文学、书法、摄影、歌舞、音乐、艺术、体育等协会；四是开展健康向上、格调高雅、内容丰富的校园文化生活，如艺术节、科技节、文艺演出等；五是加强校园自然景观、人文景观的建设，使学生在优美的校园环境中受到启迪和熏陶。

3.贴近校园实效性

学校要以“立德树人，人文立魂”为根本，积极开展以人文、文化活动为重点，融思想性、艺术性、娱乐性于一体的校园文化活动，体现社会主义特点、时代特征和学校特色，营造健康、高雅、和谐的文化氛围。欣赏古典诗词和历史名著，开展诗歌朗诵和演讲比赛等活动，可以使学生从中学习知识，开阔视野，美化心灵，娱乐身心，是培养学生人文底蕴、塑造学生完美人格的有效途径。

中华民族优秀传统文化，积淀着智慧结晶，映射着理性光辉，充溢着浓厚的人文色彩。“腹有诗书气自华”，文学、诗词可以给人以启迪。如柳宗元的《江雪》：“千山鸟飞绝，万径人踪灭。孤舟蓑笠翁，独钓寒江雪。”这首诗抒发他被贬时的复杂心情，寄托了一种傲然独立，清俊高洁的人格理想。把它转移到学习方面来，在艰苦的条件下，我们要排除各种干扰，如置身极为清静的环境，“独钓寒江雪”般地刻苦学习，深入钻研，去“钓取”所需的知识与能力。

喜欢登山涉水的人，就一定喜欢名胜古迹的诗词对联，凡见到的都会用心记下来。比如游览彩云之南，在昆明、石林、大理、丽江等就要领略中华民族传统文化墨宝。到过滇池的人就可以发现西山的两副对联，一副是：“置身须在极高处，回首还有在上人。”当你爬到一座山顶上，会发现山外有山。做学问就应这样，不要自以为到顶就止步不前了。第二副对联是：“高山仰止疑无路，曲径通幽别有天。”你爬到面对峭壁高山时，以为没有路了，可是仔细寻找，还会发现曲曲折折的小路，沿着这条小径就可以攀登险峰。山之妙在峰回路转，水之妙在风起波生。登上顶峰，风光无限，又是一番新天地。

很多文章也跟诗词对联一样，大有学问。如宋代周敦颐的《爱莲说》描写荷花“出淤泥而不染，濯清涟而不妖，中通外直，不蔓不枝，香远益清，亭亭净植，可远观而不可亵玩焉”成为千古绝唱。这些其实都是做人的品质，里面是干干净净，外面是正大光明。在当前社会中，在面临经济大潮的冲击时，在拜金主义面前，我们做人就应该像荷花那样。

显然，加强校园文化建设，是实现学校人文素养教育引导和文化启迪的主要形式。引用古希腊哲人留下的一句箴言：“头脑不是一个要被填满的容器，而是一把需要被点燃的火把。”愿我们的教师成为点燃学生“火把”的“星火”，愿星星之火可以燎原！

爱的神奇

这是一个发生在美国黑人贫民窟的真实故事。

一位大学教授带着他的学生来到这里搞调查研究，其中有一个课题是对该区 200 名黑人孩子的前途做预测。学生们都很认真，不久报告都出来了，结论令人沮丧：200 名孩子无一例外地被认定为“一无是处”“无所作为”“终生碌碌”等。

四十年后，老教授早已去世，他的继任者从档案里发现了这份报告，好奇心驱使他来到当年的黑人贫民窟。他惊奇地发现：当年被调查的 200 名孩子中，除了 20 个已离开故地，无从考察外，其余 180 个孩子大多数都获得了相当的成就，他们之中不乏银行家、商人、大律师和优秀运动员。这一切，他们都说最该感谢的是当年的一位小学教师。

继任者找到当年的小学教师，此时她已是迟暮之年，吐字不太清楚，可有一句话任何人都听得懂：“我爱这些孩子。”

第二章　教师人文素养

教师应当具备的素质：

要热爱党的教育事业，忠诚于党的教育事业，要有为党的教育事业奋斗终生、立志奉献于教育事业的精神。

要有高尚的职业道德和崇高的敬业精神。忠于职守，兢兢业业，呕心沥血，一丝不苟，要甘当蜡烛、春蚕、人梯，诲人不倦，为人师表。

在精通本专业的基础上，注意杂学旁收，举一反三，触类旁通，有较宽的知识面，在学生眼中，不是装腔作势的“教师爷”，而是博学多闻、真正有学问的人。

不抱残守缺，不因循守旧，不以有“一碗水”而满足，不以自己二三十年前学生时代学得的那点知识而津津乐道。而是要不断更新观念，不断学习新知识，研究新问题，探索新领域、新路子，勇于实践，大胆开拓，做一个新时代的“弄潮儿”。

要精通教育学、心理学等教育理论，要掌握青少年的生理、心理特点，做学生的良师益友。既要有学者风度，又要有政治家的魅力，在管理学生、指导学生中还要有艺术家的风范。对学生充满爱心：做到动之以情、导之以行、晓之以理，持之以恒，因势利导，循序渐进。

要具有文明健康的志趣、爱好、审美需求和高尚的道德情操。

要具有良好的品德修养，健全的人格、个性，健壮的身体和健康的心理素质。

第一节　教师职业修养

一、教师的反思意识

讲礼堂

◆要学生做的事，教职员躬亲共做；要学生学的知识，教职员躬亲共学；要学生守的规则，教职员躬亲共守。

——陶行知

◆没有爱，就没有教育。　——苏霍姆林斯基

◆教师的爱是滴滴甘露，即使枯萎的心灵也能苏醒；教师的爱是融融春风，即使冰冻了的感情也会消融。

——巴特尔克

振兴民族，依靠教育；振兴教育，依靠教师；振兴教师，依靠师德。

教师一直被人们称为人类灵魂的工程师，但是，有些老师对人类灵魂越来越漠视，而对学生的身体却越来越感兴趣，动不动就对学生拳脚相加。近几年，教师体罚学生、凌辱学生的报道越来越多。

教师缺德，丢掉的是教师的职业尊严，而影响的却是社会各界对教育的不满和谴责。

教师是什么样的人要比他教授什么更为重要。毫无疑问，只要教师的言行举止有悖于师德规范的要求，必然使其职业尊严受到威胁，受到挑战。正

如古人有言："其身正，不令而行；其身不正，虽令不从。"至今在我国著名百年学府、堪称中国教育事业"圣地"的北京师范大学校园里，还矗立着一块由著名书法家启功先生书写的校训碑，上面写着："学为人师，行为世范。"这八个大字既是对教师职业本质的精确概括，又是对教师提出的最严格的要求。

特殊的"1分利息"

在一次段考中，一个男生的语文得了59分。他找到老师说："老师，您就再给我的作文加1分吧，就1分。求您了！"老师说："作文绝对不给加分；但是，我可以给你把总分改成60分——我借给你1分。不过，你可要想好啊，这1分不能白借，要还利息的，借1还10，下次考试我要扣掉你10分，怎么样？要是觉得不划算就不要借了。"男生咬咬牙说："我借。"结果，在下一次段考中，他语文得了91分，扣掉10分，净剩81分。

这位老师：一是有一颗真切的爱生之心，他不想让学生挨打；二是他充分相信学生；三是他善于利用契机激励学生。那个借分的学生由于获得了老师的"资助"，得到了老师的关爱，鼓起了奋斗的信心，从考试不及格到考试高分，实现了他自己的诺言。

一般情况，老师对学习成绩不佳的学生往往不会很重视，不会很信任，有的甚至会挖苦讽刺，巴不得借家长之手"好好整治"一下学生。老师心里很想把学生教好，但对学生缺乏爱心，单是"恨铁不成钢"，"铁"就难以"炼成钢"。爱学生是和尊重学生、信任学生连在一起的。

二、教师的民主作风

讲礼堂

◆教师在传授知识时是老师，应该做到诲人不倦；在交换思想时又是同志，应该做到心心相印；在集体活动时是兄弟姐妹，应该做到亲密无间；在关心同学时又是母亲，要做到无微不至。——丁榕

◆教育没有了情爱，就成了无水之池。——夏丏尊

◆好奇是儿童的原始本性，感知会使儿童心灵升华，为其为了探究事物藏下本源。——斯奇卡列

《未成年人保护法》第十五条规定：学校、幼儿园的教职员应当尊重未成年人的人格尊严，不得对未成年学生和儿童实施体罚、变相体罚或者其他侮辱人格尊严的行为。

《教师法》第三十七条规定：教师有下列情形之一的，由所在学校、其他教育机构或者教育行政部门给予行政处分或者解聘。

（一）故意不完成教育教学任务给教育教学工作造成损失的。

（二）体罚学生，经教育不改的。

（三）品行不良、侮辱学生，影响恶劣的。

教师有前款第（二）项、第（三）项所列情形之一，情节严重，构成犯罪的，依法追究刑事责任。

“尊师爱生”长期以来一直是学校师生们的行为准则，但在实行中，老师往往地受到“师道尊严”的传统观念的影响，过多地强调了“尊师”，而忽视

了“爱生”。现代教育理念提倡的应该是“互尊互爱”，倡导的是师生互为精神关怀者。

他山之石

生命是稀世珍宝

有一个生长在孤儿院中的小男孩，常常悲观地问院长：“像我这样没人要的孩子，活着究竟有什么意思呢?”

院长总是笑而不答。

有一天，院长交给男孩一块石头，说：“明天早上，你拿着这块石头到市场上去卖，但不是真卖。记住，无论别人出多少钱，绝对不能卖。”

第二天，男孩拿着石头蹲在市场的角落，意外地发现有不少人好奇地对他的石头感兴趣，而且价钱愈出愈高。回到院内，男孩兴奋地向院长报告。院长笑笑，要他明天拿到黄金市场上去卖。在黄金市场上，有人出比昨天高10倍的价钱来买这块石头。

最后，院长叫孩子把石头拿到宝石市场上去展示。结果，石头的身价又涨了10倍，更由于男孩怎么都不卖，竟被传扬为“稀世珍宝”。

男孩兴冲冲地捧着石头回到孤儿院，把这一切告诉给院长，并问为什么会这样。

院长没有笑，望着孩子慢慢说道：“生命的价值就像这块石头一样，在不同的环境下就会有不同的意义。一块不起眼的石头，由于你的珍惜、惜售而提升了它的价值，竟被传为稀世珍宝。你不就像这块石头一样？只要自己看重自己，自我珍惜，生命就有意义、有价值。”

生命的价值首先取决于自己的态度。

三、教师的宽容胸怀

讲礼堂

◆一举一动、一言一行，都要修养到不愧为人师表的地步。

——陶行知

◆动人以言者，其感不深；动人以行者，其应必速。

——李贽

◆如果没有好奇心和纯粹的求知欲为动力，就不可能产生那些对人类和社会具有巨大价值的发明创造。

——陆登庭

联合国教科文组织提出现代青年应当“学会做人，学会关心，学会相处，学会学习”。而其中“学会关心，学会相处”恰恰也是我们老师十分缺乏的一种现代民主法制社会所必备的品质。

美国教育家爱默生说：“教育成功的秘诀在于尊重学生。”

我们教师要教育学生“学做真人”，首先应当尊重和宽容学生。在现代教育中，个人是重要的，童年是重要的，童年生活与成人生活具有同样的价值，教育应该“尊重未成熟状态”。

错误中的价值

一个学生在朗读课文时把“还有后来人”误读成了“还有后人来”。大家听了都哄笑起来，教室里的严肃气氛顿时化为乌有。怎么办呢？但见这位教师神态自若，她从容不迫地问：“同学们，你们在笑什么？这位同学念的意思并没有错呀！”经她这么一说，教室里静了下来。她接着说：“还有后来人的意思是还有接班人；还有后人来的意思还有人接班。”这时，教室里鸦雀无声。教师又亲切地说：“当然，意思不变，并不等于说这位同学读对了。他之所以念错，是由于没有看清楚。如果仔细看，认真读，就不会出这种不应该出的错误了。我们请他为大家再朗读一遍，好吗？”学生们听了，情不自禁地鼓起掌来。这时，那位站着的学生情绪更加激昂地读了起来。

四、教师的人格魅力

讲礼堂

◆只有爱才是最好的教师，它远远超过责任感。

——爱因斯坦

◆耐心去打开潜在学生身上的知识泉源。 ——夸美纽斯

◆爱，首先意味着奉献，意味着把自己心灵的力量献给所爱的人，为所爱的人创造幸福。 ——苏霍姆林斯基

苏霍姆林斯基指出：世界上没有别的职业比医生和教师更富有人道性了。师生关系不应是从属、服从、压制的关系，而应当是民主平等的关系，是双方在人格平等基础上的合作关系。

师生之间是平等的。这种平等的一个突出体现是学生应受到老师尊重。教师要平等、公正地对待所有学生，尊重他们每一个人。

尊重学生，最重要的是尊重他的人格，让每个学生都有自信心，不能挫伤其心灵最敏感的角落——自尊心。尤其要强调的是对后进学生的人格尊重问题，因为后进生一般有很强的自尊心，他们也希望自己能够被人重视，成为有尊严的人。

加里宁说：世界上也没有什么东西能比孩子们的眼睛更加精细、更加敏捷，对于人的心理上的各种微妙变化更富于敏感的了。教师是教人怎样做人的人，首先自己要知道怎样做人。教师工作有强烈的典范性，为人师表是教师的美德。教师以身作则，才能起到人格感召的作用，培养出言行一致的人。

俄国著名教育家乌申斯基说过：教师的人格，就是教育工作者的一切。教师对学生的这种影响是任何教科书、任何道德箴言、任何惩罚和奖励制度都不能代替的一种教育力量。

他山之石

一个美丽的故事

有个塌鼻子的小男孩，因为两岁时得过脑炎，智力受损，学习起来很吃力。打个比方，别人写作文能写二三百字，他却只能写三五行。但即便这样的作文，他同样能写得美丽如花。

那是一次作文课，题目是“愿望”。他极其认真地写，那作文极短，只有三句话。“我有两个愿望。第一个是，妈妈天天笑眯眯地看着我说‘你真聪明。’第二个是，老师天天笑眯眯地看着我说‘你一点也不笨。’”

于是，就是这篇作文，深深地打动了他的老师。那位妈妈式的老师不仅给了他最高分，在班上带感情朗读了这篇作文，还一笔一画地批道：你很聪明，你的作文写得非常感人，请放心，妈妈肯定会喜欢你的，老师肯定会格外喜欢你的，大家肯定会喜欢你的。

是的，智力可以受损，但爱永远不会，它朝气勃勃，永远垂着绿荫，开着明媚的花，结着芳香的果。

五、教师的创新精神

讲礼堂

◆教育是植根于爱的。——鲁迅

◆教育工作是思想工作，是要解决学生的精神世界的问题，因此必须进行充分而耐心的说服教育工作。——毛泽东

◆捧着一颗心来，不带半根草去。——陶行知

做一个教师必须要永葆“童心”。如果你仔细地观察一下孩子，他们说的和做的，无不具有“创造”的因素。作为教育工作者，就要扶植孩子们的创造萌芽，鼓励学生的创造活动。爱因斯坦说过，“学习知识要善于思考、思考、再思考，我就是靠这个方法成为科学家的。”因此，在对青少年的培养中，要珍惜那种充满着幻想、好奇的“童心”，充分培育他们的想象力、思考力和创造力。而不要用“死读书”的办法，窒息了这一最具生机、最宝贵的心灵。

陶行知先生提出要使学生获得“六大解放”：一是解放学生的头脑，就是要鼓励学生敢想、善想，敢于动脑，善于动脑；二是解放学生的双手，就是

要鼓励学生敢干、善干，敢于动手，善于动手；三是解放学生的眼睛，就是鼓励学生敢于观察、善于观察，胸怀祖国，放眼世界；四是解放学生的嘴巴，就是鼓励学生敢说、善说，敢于提问、善于提问；五是解放学生的空间，就是要扩大学生的活动领域，不把他们局限在狭小的课堂里，也不局限在学校中；六是解放学生的时间，就是要保证学生有时间去独立学习、活动和创造，不要把课程排得满满的，也不要让课外作业多得做不完。

人的现代化的重要特征之一，就是精神自由，即我们通常所说的思想解放。没有什么比教师的思想僵化更可怕了，因为教师是“传道、授业、解惑”的人。没有教师自身的思想解放，没有教师自身的创新精神和不断的进取，哪来的创新教育，更谈何培养具有创新意识的学生!

禅师一语点“金”

有一位年轻人找到一位著名的禅师，想跟他学禅。禅师开导他很长时间，年轻人还没找到入门的途径。有一天，他当着徒弟面倒水，杯子满了，茶水溢了出来，他还在倒。弟子很惊讶，提醒他水倒不进了。他说：“是呀，杯子满了，水就倒不进了。而你呢？用成见把自己的脑子塞得满满的，我又如何能增加你的智慧呢？要想学到禅的奥妙，就必须把头脑腾出空来，把充塞其中的幻象和杂念清除出去。”

这个故事启发我们，如果一味地以书本为权威，让过多的、无用的甚至可能错误的书本知识充斥我们的头脑，就会限制我们接受新的东西，限制我们的思维。

我们的教育，应该在教给学生所需的书本知识的同时，让学生对书本知识保持一种客观清醒的认识，能够“读书而不为书累”。这位禅师就是要弟子的心灵时常处于“虚怀若谷”的清净状态，达到辛弃疾“近来始觉古人书，信着全无是处”的境界。

六、教师的关爱品质

讲礼堂

◆要学生做的事，教职员躬亲共做；要学生学的知识，教职员躬亲共学；要学生守的规矩，教职员躬亲共守。深信这种共学、共事、共修养的方法是真正的教育。

——陶行知

◆师也者，教之以事而喻诸德也。 ——《礼记》

◆其身正，不令而行；其身不正，虽令不从。 ——孔子

学校应当理直气壮地教会学生认识“个人价值”，发展“个人价值”。提高学生的“个人价值”，应当是学校素质教育的主要任务。几十年来的实践，已宣告了“精神胜利法”神话的破产。国民素质的提高，有待于每个国民素质的提高，“为自己”并非是坏事，试想如果每个作为个体的人都以一种认真的积极的态度去对待人生，进行“自我设计”“自我发展”“自我实现”“自我升华”而不向国家“等、靠、要”，那么这个国家必然是充满生机和希望的。

在中国的文化观念里，国家和民族的价值是绝对的，个人的价值是相对的，为了那些绝对价值，个人就不惜牺牲一切，前赴后继，杀身成仁。我们在宣扬无畏的牺牲精神时，往往包含着对个体生命的轻蔑，其结果导致了许多无谓的牺牲。

教师的美德在于引导青少年结合自己的切身感受或他人的经历，体会生命的可贵，培养乐观积极的人生态度，善待他人也善待自己。从而保持乐观的生活态度，更懂得如何去善待别人，珍惜身边的人、事、物，注重情感的

交流和体验亲情友情的温暖，尊重他人的存在，甚至普及到珍爱地球，珍爱地球上所有动植物的生命，这才是"可持续发展"的真正含义。

苏霍姆林斯基曾指出："教师的人格是进行教育的基石。"所以，从某种意义上讲，教师的职业道德已不是个人意义上的品德问题，而是含有深刻的社会意义的，即关系到千百万青少年一代的健康成长，关系到社会的发展。今天，在改革开放和社会主义市场经济的新形势下，在深入进行教育改革，全面实施素质教育的新形势下，进一步加强师德建设显得极为重要。

而在西方文化观念里，个人的价值是绝对的，国家的价值是相对的。国家的存在是为每个人服务的，只有这样一个将个体生命和个人幸福视为至尊价值的国家，才值得人民去捍卫她。

他山之石

"爱之链"的故事

一个小学生讲道：

我们的"爱之链"活动是在班主任周老师的倡导下开始的。在活动发起会上，她表情庄重而且充满感情地说："世界是美丽的，生活是美好的。然而，所有的美丽都是用爱营造出来的。假如生活中没有爱的存在，假如我们没有足够的爱心，那么生活将不再美好，世界也不复美丽！请大家多献出一些爱心，让我们用爱把生活装点得更美丽吧！"于是，我们每个人在周老师那里领到一些卡片，每张卡片上写着："我们帮助您，也请您在别人需要帮助的时候去帮助他们。"我们不断地把卡片传递出去，我们班里也涌现出许多帮助残疾人、帮助孤苦老人的事迹，我们觉得生活无比充实，心里总有一种特别的满足。

一次我去书店，下楼时不慎摔了一跤，脚崴得肿痛难忍。一位叔叔迅速跑过来，把我送进医院。他为我挂号、拿药，并用电话通知了我的父母。当我父母赶到医院向他表示感谢时，他却微笑着从衣袋里拿出一张与我们送的一模一样的卡片！我含着热泪接过那张卡片。周老师知道后说："我们付出爱与我们得到爱的时候同是一种幸福，让我们为了更多人的幸福把这条'爱之链'连接得更长些吧！"

周老师循循善诱的教导，在我们幼小的心灵里播下了爱的种子，她爱我们，又教会我们去爱别人。

第二节　教师道德修养

借近代学者王国维的人生境界之说，古今之成大事业、大学问者，必经三种境界，用三句诗加以概括："昨夜西风凋碧树，独上高楼，望尽天涯路"，此为第一境界；"衣带渐宽终不悔，为伊消得人憔悴"，此为第二境界；"众里寻他千百度，蓦然回首，那人却在灯火阑珊处"，此为最高境界。其实这不只是作诗的境界，做学问的境界，同样也是做教师修养的境界，事业的境界，人生的境界。

一、教师人格修养与境界

讲礼堂

◆身教重于言传。　——王夫之

◆成功的欢乐是一种巨大的情绪力量，它可以促进儿童好好学习的愿望。请你注意，无论如何不要使这种内在的力量消失。缺少这种力量，教育上的任何巧妙措施都是无济于事的。　——苏霍姆林斯基

◆学而不厌，诲人不倦。　——《论语》

教师的职业境界——经师。教师要在自己的工作岗位上勤勤恳恳、任劳任怨，认真备课、上课，批改作业，辅导学生。既然选择了教师这个职业，就要耐得住寂寞，受得了清贫，在下海的人大把数钱时不眼红，在歌星、影星受人吹捧时不发烧，也就是要做到“独上高楼，望尽天涯路”。

教师的专业境界——能师。能师即智慧型的教师。他们既重视经验的积累，为学生倾尽心血，“衣带渐宽终不悔，为伊消得人憔悴”，又能做个有心人，表现出自觉的理论追求，对教学的理解已经达到了相当的深度。他们对教育教学内在规律有较深刻的认识，视野开阔，个性鲜明，教育教学上挥洒自如，游刃有余。

教师的事业境界——人师。不仅教书，而且育人，以其高尚的人格塑造学生的人格。人师已经形成了自己的教育思想，风格或体系，完全进入了教育的自由王国——达到不教之教，可以醉人而不知，可以育人而不觉。人师把教育当作一种艺术，通古晓今，博采众长。能把最恰当的事例信手拈来，融入课堂，天衣无缝，使学生在和谐愉悦的课堂气氛中，汲取知识芬芳，不再有学习之苦。这样的境界，是每个为师者都追求的，但欲达到，非经年积累不成，而一旦达成，享受到“蓦然回首，那人却在灯火阑珊处”的乐趣，则心中喜悦，万难形容。

他山之石

没有哪个孩子不是人才

一位聋女的父亲，把孩子培养成为一名优秀的大学生，他本人也成了聋哑学校校长，并创建了“赏识教育法”。

日本心理学家多湖辉在《幼儿才能开发》一书中说：“在每个孩子身上都蕴藏着巨大的、不可估量的潜力，每个孩子都是天才，宇宙的潜能隐藏在每个孩子心中”“假如我们抛弃僵化的教育方法，用一种充满生命力，充满人情味的方法，那么，所有的孩子都能成为栋梁之材”。

为了唤起女儿生命中的无限潜能，我让她找到自己是天才的感觉。由于早期识字，女儿特别喜欢读书，如醉如痴，爱不释手。每当女儿因看书而耽误了吃饭睡觉时，我并未将书没收，而是无限激动地对女儿说："天才儿童行为第一条就是看书津津有味，忘记了吃饭睡觉，你就符合第一条，你说你不是天才，谁是天才?"女儿眼睛一亮，这种积极的心理暗示使女儿的自信心越来越强。

女儿8岁时，为强化女儿天才的感觉，我郑重地问女儿："你想不想成为世界上第一个会背圆周率小数点后1000位的孩子？这是一个很大的挑战，别说残疾孩子，就是健全孩子也没有人会背！你敢不敢背?"女儿干脆地回答："好!"

如果按照传统的方法，千辛万苦也未必能背得出来。而我是用"赏识教育法"，不断鼓励，不怕失败，让女儿感到快乐、陶醉、狂欢，把她的潜意识充分调动起来。我把一千位数编成一个荒诞离奇的故事，她一天背一百位，刚开始背一次需要二十分钟，到后来五分钟就够了。

背出小数点后一千位，创造了世界之最。生命的潜能令人叹为观止。我激动地对女儿说："太了不起了！别人做不到的，你能做到，爸爸真是太高兴了!"

就是用这样的方法，女儿在小学跳了两级，同时被评为全国十佳少年，后来还成为中国第一位聋人少年大学生。奇迹出现后，我用这套方法培养了一批早慧聋童。接着又把这套方法让健全儿童分享，改变了成千上万孩子的命运。

二、教师道德品行与细节

讲礼堂

◆教育，首先是教师品格的陶冶，行为的教育，然后才是专门知识和技能的训练。——马卡连柯

◆因为道德是做人的根本。根本一坏，纵然使你有一些学问和本领，也无甚用处。——陶行知

◆教师的世界观，他的品行、生活，他对每一现象的态度都这样或那样地影响着全体学生。——加里宁

受片面追求升学率的影响，师德教育呈现多种不良的现状——存在“五重五轻”的倾向：重理论，轻实践；重说教，轻体验；重智商，轻情商；重应然，轻实然；重理想，轻规范。造成的后果是：知行脱节，言行不一，知情分离，情意不合，双重人格，双面人生。

(一) 关于习惯

教师的教学行为习惯是影响学生一生的重要因素。习惯可以跟随人一辈子，让人受益终身。良好的习惯可以使事情变得容易，使阻力减到最低，使体能和心能节省到最低点，习惯是提高学习效率的源泉。培根说：“习惯是人生的主宰。”习惯即命运，成功从培养习惯开始，叶圣陶说：“教育就是培养习惯。”爱因斯坦说：“什么是教育？当你把受过的教育都忘记了，剩下的就是教育。”剩下的就是习惯——好习惯或坏习惯。

（二）关于细节

用西方流传的一首民谣来作为启示吧！

丢失一个钉子，坏了一只蹄铁；

坏了一只蹄铁，折了一匹战马；

折了一匹战马，伤了一位骑士；

伤了一位骑士，输了一场战斗；

输了一场战斗，亡了一个帝国。

马蹄铁上一个钉子是否会丢失，本是初始条件十分微小的变化，但“蝴蝶效应”却是一个帝国存与亡的根本原因。

他山之石

要让学生敢说“我不懂”

我去听一位教师的课，课讲完了，老师问学生：“听懂了吗?”“听懂了！”同学们齐声回答。“还有谁不懂请举手。”全班静悄悄的，一位学生的手稍稍伸了一下很快就缩回去了。细心的老师还是发现了，他温和地说：“你哪里不懂，没关系，讲出来。”孩子怯怯地站起来叙述着，老师一边鼓励孩子大声点儿，一边走过去俯下身听，很耐心地又讲了一遍，最后对这位学生说：“请坐，以后要注意听讲。”

下课后，我把老师和这位学生请进了办公室。学生小声说：“校长，我以后上课一定要用心听讲。”我对他说：“孩子，今天请你来是要表扬你，你敢说真话，不懂就问，这是很了不起的，今后要理直气壮地问，不懂就把手高高地举起，你说对吗?”这位学生惊奇地看着我，又看了看老师。老师点了点头，孩子高兴地飞奔而出。这位老师若有所悟地说：“我还以为自己很耐心呢！现在明白了，学生好不容易有敢举手说不懂的勇气，却被我‘以后要注意听讲’永远地吓回去了，他以后一定会加入全班‘听懂了’的行列。”

我们要求老师首先教会学生说“我不会”“我不懂”“我有不同想法”。在发展学生个性方面，我们鼓励学生要敢于发表不同意见，敢于表现自我。

三、教师人文精神与气质

讲礼堂

◆凡有专长专能的人都是经过刻苦学习，勤奋努力才得到的。

——戴伯韬

◆任何一个人的任何一点成就都是从勤学、勤思、勤问中得来的。

——夏衍

◆伟大的成绩和辛勤的劳动是成正比的。有一份劳动就有一份收获，日积月累，从少到多，奇迹就可以创造出来。

——鲁迅

所谓人文素养是指做人应具备的基本品质、基本态度和基本能力，人文素养的最典型标志是人文精神。人文精神泛指人文科学体现出的对人类的生存意义和价值的关怀，人文精神追求人生美好的境界，推崇感性和情感，着重想象性和多样化的生活，使一切追求和努力都归结为对人本身的关怀。无论是对于社会还是对于个人来说，人文精神都是非常重要而且不可缺少的。弘扬了人文精神，社会才会生气勃勃、兴旺发达，人才活得有意义，才是一个真正的人。

教师对人类社会的作用是文化的传承、体现和创新。我们说教师是一种崇高的职业，就是因为教师承担着这严肃的使命。教师是“人类灵魂的工程师”，它被赋予了塑造学生的任务。教师的这种社会定位，对教师提出了很高的要求。教师必须为学生做表率，以身作则，以自己的言行影响学生。所以说“身教重于言教”。身教虽然只是在潜移默化中进行，但作用却是异常巨大的。比起一般人来，教师特别需要学习人文精神，发扬人文精神。

“教师的人文素养”就是教师所具有的人文精神及在教师在日常活动中体现出来的思想、道德、情感、心理、性格、思维模式等方面的气质和修养。教师的人文素养主要体现在教师自身学识底蕴、儒雅风度以及对事业与学生真诚的热爱。古人云：亲其师，才能信其道。教师的人文素养不仅仅是教师自身形象的要求，更是教育学生心理健康成长与完善的需要！

（一）教师的人文素养影响着学生人格的完善

在学校里，教师是学生最亲近、尊敬的人，是最直接的榜样，学生具有天然的“向师性”。教师的人文素养，会像一丝丝春雨“随风潜入夜，润物细无声”，潜移默化地影响学生的人格。教师的素养之光对学生心灵的铸造深刻且久远，甚至可能影响学生的一生。陶行知说过，“真教育是心心相印的活动”。有了这样的“心心相印”，学生人格的成长会在具有丰富的人文素养的教师的影响下，逐步成熟与完善起来，而学生人格的完善，是一切良好的学习心理的基础。学生人文精神的培养，很大程度上依赖于教师人文素养的提高，教师在教育教学活动中，直接与间接地影响着学生的人格完善。

（二）教师的人文素养影响着学生学习目标的明确

一位人文素养深厚的教师，肯定是一位有抱负有追求的教师，他往往呈现出人格形象完整、精神焕发、精力充沛、性格坚毅、乐观向上、作风严谨的形象，给人以力量感。在他教育与影响下的学生，必会在潜移默化、耳濡目染中受教师的影响，也形成坚强的意志与自制力，因而更加富有理性，善于思考，发奋学习，这样会自觉不自觉地树立远大的目标。教师的追求与抱负已经深深地成为学生人生发展的指标。教师的努力与成功，激励着学生追求更远大的目标与成功。

（三）教师的人文素养影响着学生的学习动机与效果

学生的学习动机，往往表现得比较单纯，情绪化比较重。这就需要教师具有一定的影响力。一个学生一门功课的学习成绩好坏，与他是否喜欢教这门功课的教师相关。教师的师德状况、人格水平是他的教育教学能力的重要组成部分。教育观念、教育思想、教学能力固然很重要，人格修养同样很重要。学生的学习动机强烈，学习效果自然就好些，而这一切还是取决于教师的人文素养。

（四）教师的人文素养影响着学生良好学习习惯的形成

教师是学生学习的参与者、指导者与监督者，教师的行为举止与爱好习惯直接或者间接地影响着学生的学习习惯。在学校教育中，教师作为榜样被学生所模仿，并以潜移默化的方式发生作用。教师对学习习惯作用的认识如何，直接制约着学生对这个问题的重视程度。教师独特的教学风格集中反映了教师的精神风貌，它包括教师的道德修养、知识结构、能力水平、认知策略、对学生的态度及其教师的主观追求等。拥有独特教学风格的教师，在学生中自然拥有较强的影响力，这样，教师的正确要求就容易化为学生的行动。

作为人类灵魂工程师的教师，要用自身的情感感染学生，了解和把握学生的思想，创造民主、平等、和谐的教学环境，在师生之间架起感情的桥梁，激发学生产生情感的内驱力，培养学生克服困难的意志品质。要能控制自己的情绪，承受外界压力，保持心理平衡，在知识、能力、思想道德及身心健康方面不断提高，使个性得以张扬，真正学会自我学习，自我教育，自我管理，为成功人生打下良好基础。

社会的发展与变革决定了教师要不断提高自身的综合素质和专业能力。而要提升自身的素养，教师首先要做个真正的读书人。读书是一种积累，学习是我们人生永恒的主题。教师的职业特性，更注定了教师的角色是一个永远需要学习的角色。多读书，读好书。读书在提升人文素养，铸就教师魅力中具有永恒的力量。一个教师自身人文素质的提升，必将依赖于永不满足的读书实践。一个成功的老师，必须是一个善于学习的老师，一个善于读书的老师。读书是教师汲取精华的学习方式，是教师传承优秀文化的通道。读书是教师提高自身综合素质的前提，教师应该成为终身学习的典范。只有学会读书和学习，我们才能提高自己的文化底蕴。在博览群书中思考、积累，丰富自己的知识和思想，拓宽文化视野，提高思想的高度、加强思维的深度和广度。

我们处在知识经济时代，读书学习已经成为一个人成长成才的第一要素，人们不但通过读书获得一技之长、生存之道，更重要的是书籍是每一个现代人的精神食粮。只有热爱读书的教师，才能培养出热爱读书的学生，才能营造出整个社会热爱读书的良好氛围。教师的读书风气最能影响学生和社会的风尚。读书，理应成为新课程改革背景下教师的一种生活方式。只有热爱学习的老师，才能让学生知道更多的知识，让学生更加敬重他。教师用自己的实际行动影响学生、感染学生，不断培养学生的读书兴趣，引导其养成良好的读书习惯，让学生在读书中荡涤心胸、体味人生、启迪智慧、增长才干、学会学习与生存，从而促进学生全面和谐和可持续发展。

我们在教育教学的实践中，很迫切地需要教育教学理论层面的提高。随着课程改革的不断深化，我们的课改实践需要前沿性的理论支持。新的课程标准倡导培养学生广泛的兴趣，多读书，读好书，读整本的书。倡导学生阅读，我们教师首先应该自觉地投入到积极的阅读活动中去。教师的阅读同样需要从课内读到课外，不断地扩大自己的阅读面，进而不断地提升自己的阅读品质。作为一个教师，更应该确立终身读书的观念，自觉地多读书，读好书，丰富自己的读书积累，提高自己的读书品质，实现自身人文思想、人文精神、人文素养的不断提升。

教师只有通过读书学习，才能不断丰富专业知识、完善文化知识结构，才能不断更新教育观念、提升育人技能，才能促进自身专业成长，跟上现代教育发展的步伐。读书不是为了明天的课，而是出自内心的需要和对知识的渴求。只有当我们将读书融入我们的日常生活中，成为不断提升自身修养的重要手段，我们才能成为新时期人格健全、品德高尚、知识丰富的人类灵魂工程师。

新课程标准给新课程改革带来了崭新的理论指向，许多新的教育教学理念不但需要我们在教学实践中去大胆实践，而且需要我们教师积极去反思自己的教学行为。从不断提升自身人文素养做起，创设更为宽广的人文精神的时空。只有有所思，才能有所悟、有所得。对自身教学实践的不断反思是我们工作在基层的教师走向成功的最深刻的足迹。当今的教师应该牢固树立“终身学习”的理念。我们应当这样告诉自己：读书不仅仅是为了丰富自己的人生阅历，完善自身的知识结构，更重要的是我们要积淀自己的文化底蕴，提高教师的人文素养、培育人文精神，这是教师应该努力去做到的，也有利于教师专业化发展。

教师担负着培养一个又一个“社会人”的重任，自身的人格魅力对于学生来说有着潜移默化的影响。教师不仅要正其身，做好学生的榜样，更要具有较高的文化素养和道德素养。新课程要贯彻“以人为本”的理念，培养学生的自学能力、思考能力、实践能力、创新能力等，促进学生的身心和谐发展，为学生的终身发展奠定基础。只有具备人文素养，教师才能真正树立“以人为本”的现代教育观念，充分尊重学生的主体性，把学生当作有情感的、鲜活的、思想性格各异的、独立的人。

总之，要提高自己的人文素养，教师就必须善于读书，学会学习，与时俱进，要养成勤耕不辍、终身学习的习惯。这是教师成功的必备条件，是教师成长为能师、经师乃至优秀教师的必由之路，也是新课程顺利实施的关键。

他山之石

母亲分苹果的故事

一个人一生中最早受到的教育来自家庭，来自母亲对孩子的早期教育。美国一位著名心理学家为了研究母亲对人一生的影响，在美国选出50位成功人士，他们都在各自的行业中获得了卓越的成就；同时又选出50位有犯罪记录的人，分别写信给他们，请他们谈谈母亲对他们的影响。有两封回信谈的是同一件事：小时候母亲给他们分苹果。那位犯人这样写道，妈妈问我和弟弟：“你们想要哪个?”弟弟抢先说想要最大最红的那个。妈妈听了，瞪了他一眼，责备他说：“好孩子要学会把好东西让给别人，不能总想着自己。”我灵机一动，改口说：“妈妈，我要那个最小的，最大的留给弟弟吧。”妈妈听了，非常高兴，在我脸上亲了一下，并把那个又大又红的苹果奖励给我。我得到了我想要的东西，从此，我学会了说谎。以后，我又学会了打架、偷、抢，为了得到想得到的东西，我不择手段。直到现在，我被送进了监狱。

那位著名人士这样写道，我和弟弟都争着要大的。妈妈说：“我把门前的草坪分成三块，你们三人一人一块，负责修剪好，谁干得最快最好，谁就有权得到它！”我们三人比赛除草，结果，我赢得了那个最大的苹果。我非常感谢母亲，她让我明白一个最简单也是最重要的道理：要想得到最好的，就必须努力争第一。

推动摇篮的手，就是推动世界的手。母亲是孩子的第一任老师，你可以教他说第一句谎言，也可以教他做一个诚实的永远努力争第一的人。

第三节　教师心理修养

一、热情主动的心态

讲礼堂

◆教育，首先是教师品格的陶冶，行为的教育，然后才是专门知识和技能的训练。——马卡连柯

◆因为道德是做人的根本。根本一坏，纵然使你有一些学问和本领，也无甚用处。——陶行知

◆教师的世界观，他的品行、生活，他对每一现象的态度都这样或那样地影响着全体学生。——加里宁

（一）教师的微笑魅力

教育，从它本来的意义上来说，是与愉快联系在一起的。我国著名的教育家孔子说过：“知之者不如好之者，好之者不如乐之者。”就是强调了愉快

学习的重要性。心理学认为：愉快学习，就是一种有助于提高学生学习兴趣、有助于解除疲劳、有助于培养意志品质和健全个体，从而促进学生提高学习效率的认知策略。它的认知特点是能使人注意力集中，思维活跃；其情感表现是生动活泼、乐此不疲。心理学研究表明，人在心情愉快时，感觉、观察都较敏锐，记忆效果好，想象较丰富，思维敏捷；而人在沮丧时，这一切都将受阻。愉快和谐的气氛使学生敢于思考，敢于发表意见，敢于提问，思维不受阻碍，学习起来轻松而有效，更有利于学生的智力发展。

美国心理学家艾伯特·赫拉别恩在大量的实践后曾得出这样一个公式：信息的总效果=7%的文字+38%的音调+55%的面部表情。而面部表情是人的复杂内心世界的透视镜，能最灵敏、最迅速、最充分地反映出人的思想感情，是人际交往的丰富信息源。教师的面部表情，是教学中的自然语言。著名的作家罗曼·罗兰说："面部表情是多少世纪培养成功的语言，是比嘴里讲的要复杂千百倍的语言。"而在面部表情中，微笑是最有利于教师向学生传情表意的语言符号，微笑中的教学所产生的良好效果往往优于枯燥的说教。因此，我们可以说，教师的微笑是一种教学艺术，是学生愉快学习的法宝。

1.教师的微笑意味着"爱"

教师的微笑是热爱学生的外在表现。西方教育学家罗素认为，教师的爱能使学生的道德和智慧得到比较好的发展。他说，凡是缺乏教师关爱的地方，学生无论从品格，还是智慧上都不能充分地或自由地发展。没有爱的教育，将是一片教育的沙漠。一项实验表明，即使本来较为聪明的孤儿，在受到9个月没有母爱教育的管理后，智力下降21分；而本来不太聪明的儿童，受到9个月低能智力妇女的悉心照料后，智力则上升33分。因此，有的专家认为，即使是在没有智力刺激的条件下，只要有"爱"，就可以提高儿童的智力水平。

2.教师的微笑意味着"期待"

在教育社会心理学中，人们将对某人或某事始终怀着憧憬、期待、热爱、关怀之情而发生意想不到的效果，称为"皮格马利翁效应"，也称为"罗森塔尔效应"。"罗森塔尔效应"对被期待者具有积极的意义，特别是对中学里所谓的"差生"更具有特殊的意义。

微笑，作为教师在教育教学中的重要体态语，具有极大的暗示性及期待和鼓舞作用。比如，当学生在生活中或学习上受挫折时，教师应给予鼓励的微笑，这意味着“我相信你能行”，而不是用“你真没用”等冷言冷语来伤害学生，当学生感受到教师对自己的期望时，就会萌发或增强学好的愿望、向上的志向、勤奋学习的动力，同时更加信赖、亲近教师，热爱学习。教育常常是三分教育七分等待。正如每一朵花儿开放都有一定的时间，每一个学生的成长都有一个过程。更何况每一个学生至少有一种特别的天分，而这天分也许恰恰是考试和分数测不出来的。因此，教师应该用发展的眼光看待学生，多给学生一些鼓励。行为科学实验证明：一个人在没有受到充分鼓励的情况下，他的能力仅能发挥20%~30%，如果受到充分的鼓励，他的能力就有可能发挥80%~90%，甚至更多。

3.教师的微笑意味着“尊重”

提出“愉快教育”办学思想的倪谷音老师说：“教育者应该把学生看成是独立的人，把尊重学生的独立人格作为教育的前提和对待学生的基本态度，这是一个根本的出发点。”

华东师范大学教育系对上海市577名青少年的问卷调查显示：青少年把“要有独立的人格、被人理解和尊重”列为人格发展需要之首，他们最不满意的是教师、家长对他们不尊重，伤害他们的自尊心。自尊，是包括学生在内的每一个人的心理需要。健全的自尊感能使人亢奋、进取，从而坚定地追求成功。处在自我意识迅速发展期的青少年，对自尊的需要和渴望尤为强烈。

学生正处于成长阶段，偶尔出一点点“偏差”，也无可厚非。可能由于好奇，而在上课时看言情小说；可能因为贪玩，而迟到上课；也可能因为疲倦，而在上课时瞌睡了一会儿，等等。教师不能因为学生有一点不是，就大加指责，这势必损害学生的自尊。在教育活动中，教师一定要懂得尊重学生，要动之以情，晓之以理，学会带着微笑去处理问题，在尊重的基础上进行教育。

学生只有被尊重，获得心理的需要后，才能愉快学习。

4.教师的微笑意味着“宽容”

有一个名为《微笑》的故事：玛丽打开门时，发现一个持刀的男人恶狠狠地看着自己。玛丽灵机一动，微笑着说：“你好，是推销菜刀吧？我正需要一把。”说着把男人让进了屋，接着说，“你的样子很像我过去的一位朋友，看到你真高兴，你要咖啡还是要茶？”歹徒腼腆起来，结巴着说，“谢谢!”最后，玛丽真的“买”下了那把明晃晃的刀，那男人拿着钱走了，临出门时，他说：“小姐，你将改变我的一生!”从这个故事中，我们可以领悟到，微笑的魅力是无穷的。

宽容，有时候比惩罚更具有力量。对人宽容，是做人的美德。而对学生宽容，则不仅是美德，更是一种教育艺术。在中学里，许多教师往往缺乏宽容的胸襟。当学生犯一点点小错误，教师则“金刚怒目”，要么责怪漫骂，要么讽刺挖苦，要么变相体罚，要么干脆撒手不管。其实，这些行为都是不宽容学生的表现，这些行为也无法产生积极的教育效果。我国著名教师魏书生曾说过：“学生的大脑忙着接受处罚的信息，也就无暇静下心来裁判心灵中旧我和新我的论战。”

学生是处于发展中的未完善的人，我们不能用不符合学生实际的标准来衡量学生的行为和思想，对于学生的错误或不完善之处绝不能求全责备。著名教育家陶行知告诫一些对学生滥施惩罚的教师的一句名言是这样说的：“你的教鞭下有瓦特，你的冷眼里有牛顿，你的讥笑中有爱迪生。”一颗无宽容的冷漠之心，必将绞杀学生的个性和智慧。一般地说，学生有过错的时候，恰好是教育的良机，因为内疚和不安使他们急于求助，而此时教师宽容的微笑和及时的教导可能使学生刻骨铭心。

5.教师的微笑意味着“肯定”

每一个学生都期望教师对自己的表现给予肯定和赞许，这是一种正常的心理需要。当学生在学习上有了进步或其他方面有了提高时，教师的脸上如果露出满意的微笑，学生就会从微笑中获得前进的力量，迸发出更高的学习热情。特别是对学习比较吃力的学生，教师要学会并善于用“放大镜”发现他们的长处和各方面的进步，并及时充分地肯定他们的每一点进步，给予他们肯定和赞扬的微笑，使他们感到自己的努力是会获得成功的，激发他们更多的努力去获得更大的成功。

(二) 教师微笑需要注意的问题

微笑作为一种教学手段和教育艺术，不能滥用，否则就达不到教育的效果。要充分发挥微笑的力量，教师在微笑时必须注意一定的策略和方法，不能随时随地都微笑，也不能把微笑沦为一种形式，更不能把微笑变成一种僵化的表情或强颜欢笑。因此，教师在微笑时要注意以下几个问题。

首先，教师的微笑必须真诚，不能虚情假意。只有自然的、发自内心的、真诚的微笑，才能真正打动学生的心。微笑，绝不是以往被学生所评价的“笑面虎”或“笑里藏刀”。

其次，教师的微笑必须“一视同仁”，不能厚此薄彼。学生不欢迎带有“偏见”的微笑。

第三，教师的微笑必须恰如其分。也就是说教师要懂得在什么时候微笑，让微笑在最佳的时机发挥最大的效果。比如，教师带着微笑走进教室或者在讲课前微笑着环视一下教室，学生便会感到安全而舒适，心里不会有所顾虑，思维也就活跃起来。在学生回答问题时，如果学生一时回答不上来或想不起来，教师微笑着说一句“别着急”或“没关系”，便可使学生紧张的心理立刻缓和下来。当学生考试成绩不理想时，教师如果微笑着对学生说“我相信你会成功”学生得到鼓励和期待后，必能积极主动地投入学习，等等。

第四，教师的微笑是与严肃、批评等相辅相成的。我们提倡教师在课堂上应经常面带微笑，但有时候，必要的严肃、适当的批评和责备，也可以达到同样的教育效果。根据“近因效应”原理，有时候打一巴掌后揉一揉的教育效果也许更佳。因此，我们也就不能夸大微笑的作用。

总之，微笑是联系师生情感的纽带，是沟通师生心灵的桥梁，是创设和谐教学氛围的重要手段。实践证明，教师的微笑是打动学生心灵最美好的语言，因而，它被誉为“解语之花”“忘忧之草”。

要找回孩子的自尊和自信

飞飞是个典型的厌学孩子，他从厌学到“厌学校”，发展到后来动辄与同学“打成一片”，结果成了学校里人人讨厌的“坏孩子”。回到家里，一塌糊涂的学习成绩更招来父亲的暴打，飞飞已麻木到哭也哭不出来的地步。

寻常的钥匙打不开不寻常的锁。对飞飞这样的孩子，在人格上要平等对待，必须用教婴儿学说话、学走路的心态来感化他。

有一次，他狂风暴雨般地把桌子、凳子和柜子全移了位，尽管同学们也活泼有余，还是被飞飞的举动惊呆了。飞飞高高地站在桌子上，一副谁也不怕的表情。老师却用柔和的声音对有些愤怒的同学们说："飞飞发脾气肯定有他的理由，我们相信他会把桌椅归位的。现在我们出去玩一下，让飞飞同学冷静一下。"

当老师半小时回来后，发现一切都归复原位了。三天后，飞飞旧"病"复发，老师却表扬了他，说："飞飞有进步，上次移动了桌椅、书架，这次却只推倒了桌子，大家是不是该给他鼓掌呢?"同学们热烈鼓掌。飞飞很不好意思，立即把桌子扶好了。飞飞第三次发脾气，恰好在阳台上。老师又一次表扬了他："飞飞怕影响大家学习，而跑到阳台上发脾气，这是一大进步。"

在老师一次次给面子、给台阶下，飞飞渐渐地找到了好孩子的感觉，找回了自尊和自信。飞飞完全变了，在一次晚会上他表演节目："我要上学校，花儿对我笑，小鸟说早早早，我喜欢背书包。"

二、宽容公正的原则

讲礼堂

◆要想学生好学，必须先生好学。惟有学而不厌的先生才能教出学而不厌的学生。——陶行知

◆教师进行劳动和创造的时间好比一条大河，要靠许多小的溪流来滋养它。教师时常要读书，平时积累的知识越多，上课就越轻松。——苏霍姆林斯基

◆学校的目标始终应当是：青年人在离开学校时，是作为一个和谐的人，而不是作为一个专家。——爱因斯坦

(一)宽容是教师成功的法宝

陶行知先生曾提出“泛爱”的教育理论：教师不能只爱几个“好学生”，而应该“爱满天下”。他还大声疾呼：“你的教鞭下有瓦特，你的冷眼里有牛顿，你的讥笑中有爱迪生。”教师爱学生就要用平等的眼光来看待学生，不能把成绩作为衡量学生的唯一标准。教师爱学生，就要把欣赏的目光投向每一个学生，让更多的孩子从中感受到殷切的期望，体验成功的喜悦，获取向上的动力。

宽容是教师的职业美德，“己所不欲，勿施于人”。宽容不仅是教师的美德，也是做人的美德。对人宽容，是做人的一种美德；而对自己的学生宽容，更是作为一名教师必须具备的基本素质之一。宽容，是教师良好形象的又一种内涵、又一个可贵的素质。宽容的实质就是教师的自信，相信自己的人格，相信自己的教育，相信自己的学生。以尊重、理解、信任的强大精神力量，去感化学生、昭示学生、熏陶学生、诱导学生、影响学生，给学生以自我反省、自我修正、自我选择、自我进步的时间、空间与主动性，从而体现出教师所特有的人文教化功能。

一名好教师会将学生放在平等地位，信任他们，尊重他们，视他们为自己的朋友和共同探求真理的伙伴。这样的老师一般能做到：

站在学生的立场，掌握学生的心态。

让全班学生共同讨论决定班级的活动。

选择班干部时，让学生充分发表意见，公开唱票。

遇事能耐心倾听学生的想法，不打断学生的讲话，不急于发表自己的见解，让学生把话说完。

尊重学生的意愿，而不是以教师的主观想法为中心。

在课堂上，允许学生提出不同的见解。

鼓励学生大胆发表不同意见。

给学生机会，给教师提意见。

重视来自学生的反馈信息，善与学生沟通。

生活在学生中间，关注学生的细节。

对经常做错事的学生不放弃信任，给他改正的机会。

对学生的错误不耿耿于怀，不“秋后算账”。

对待学生不烦不躁，耐心细致。

容纳来自学生不同的看法、见解、思想、感情以及价值标准。

尊重学生犯错误的权利。

坚信学生做错了事，总是有原因的。

面对学生出现的问题，不暴跳如雷，火冒三丈，而是有理智地采取耐心说服的方法，注意控制消极情绪和冲动行为。

不采取粗暴的方式去指责犯错误的学生，而是帮助其寻找原因，提供具体指导。

尊重学生的民主权，多用商量的口吻，而不是用命令的口吻与学生交流。

不为了维护教师的“威信”而压制学生的意见。

积极采纳学生的合理建议，并能改变教师已做出的决定。

能控制自己的情绪，掌握自己的心境，约束自己的言行。

善于在实际行动中抑制消极情绪和冲动行为，自觉地控制、调节自己的行为。

(二) 公正是教师的道德天平

对人类社会而言，公正是最基础、最重要的道德，它比仁爱、宽容更为根本。亚当·斯密曾说：“与其说仁爱是社会存在的基础，不如说正义是这种基础。”陈胜吴广“均贫富”的思想认为不公正行为的盛行，会彻底毁掉这个社会。正因为如此，在各种德行中，人们认为公正是最主要的。

爱学生就要公平对待所有学生，把每一个学生视为自己的弟子。据有关教师人格特征的调查，在学生眼里“公正客观”被视为理想教师最重要的品质之一。他们最希望教师对所有学生一视同仁，不厚此薄彼；他们最不满意教师凭个人好恶偏爱、偏袒某些学生，或冷落、歧视某些学生。公正，这是孩子信赖教师的基础。爱学生就要尊重他们的人格和创造精神，与他们平等相处，用自己的信任与关切激发他们的求知欲和创造欲。在教育过程中，教师是主导，学生是主体，教与学互为关联，互为依存，即所谓“教学相长”，“弟子不必不如师，师不必贤于弟子”。

走出教师的误区：

1.对优生的偏爱

对学习好的学生在教学上给予更多的关照，在学习上给予特别的辅导，在生活上给予格外的关心，而冷落其他学生。

2.对差生的偏见

有些教师对待“差生”用一种“晕轮效应”，即认为学习成绩不好的学生，纪律、品德等各方面都是不好的，对差生有一种严重的歧视。

教师应学会“反向偏爱”，师爱的公平应体现在将更多的爱，分给更多的需求者。

一个美丽的歧视

高考落榜，对于一个正值青春花季的年轻人，无疑是一个打击。8年前，我的同学大伟就正处于这种境地。而我刚考上了北京的一所大学。

当我进入大学三年级时，有一日大伟忽然在校园里寻到了我，原来，他也是北京某名牌大学的一员了。

“祝贺你！”我说。

“是该祝贺。你知道吗？两年前我一直认为自己完了，没什么出息了，可父母对我抱有很大的希望，我被迫去复读——你知道‘被迫’是一种什么滋味吗？在复读班，我的成绩是倒数第五……”

“可你现在……”我迷惑了。

“你接着听我说。有一次那个教英语的张老师让我在课堂上背单词。那会儿我正读一本武侠小说。张老师很生气，说：‘大伟，你真是没出息，你不仅糟蹋爹娘的钱还耗费自己的青春。如果你能考上大学，全世界就没有文盲了。’我当时仿佛要炸开了，我蹭地跳离座位，跨到讲台上指着老师说：‘你不要瞧不起人，我此生必定要上大学。’说着我把那本武侠小说撕得粉碎。你知道，第一次高考我分数差了100多分，可第二年我差17分，今年高考，我竟超了80多分……我真想找到张老师，告诉他我不是孬种……”

3年后，我回到我高中的母校，班主任告诉我：教英语的张老师得了骨癌。

我去看他，他兴致很高，其间，我忍不住提起了大伟的事……

张老师突然老泪纵横。过了一会儿，他让老伴取来了一张旧照片，照片上，一位书生正在巴黎的埃菲尔铁塔下微笑。

张老师说："18 年前，他是我教的那个班里最聪明也最不用功的学生。有一次，我在课堂上讲，'像你这样的学生，如果考上大学，我头朝地向下转三圈……'"

"后来呢？"我问。

"后来同大伟一样，"张老师言语哽咽着说，"对有的学生，一般的鼓励是没有用的，关键是要用锋利的刀子去做他们心灵的手术——你相信吗？很多时候，别人的歧视能使我们激发出心底最坚强的力量。"

两个月后，张老师离开了人世。

又过了 4 年，我出差至京，意外地在大街上遇到大伟，读博士的他正携着女友悠闲地购物。我给大伟讲了张老师的那席话……

在熙熙攘攘的人群中，大伟突然泪流满面。

在那以后的时光里，我一直回味着大伟所遭遇的满含爱意却又非常残酷的歧视。我感到，那"歧视"蕴含着一种催人奋进的力量。对大伟和那位埃菲尔铁塔下留影的学生来说，在他们的人生征途中，张老师的歧视肯定是最美丽最宝贵的。

三、沟通合作的艺术

讲礼堂

◆没有爱便没有教育。——陶行知

◆君子敏于行而慎于言。——孔子

◆无热忱便无伟大。有史以来，没有任何一件伟大的事业不是因为热忱而成功的。——爱默生

1997年版《中小学教师职业道德规范》第六条规定：尊重家长。主动与学生家长联系，认真听取意见和建议，取得支持与配合。

在和家长沟通时，老师一定要注意家长的感受，不要告状。如果接到家长的电话，就向家长抱怨，说他的孩子作业书写潦草，甚至有时候不会写作业，就很容易激化矛盾，使教与学对立起来。在与家长沟通时，对孩子多表扬少批评，哪怕此行确因孩子犯了大错要与父母协商，也要先找一些优点做铺垫。教师要通过与家长平等的沟通，使家长心甘情愿地成为自己教学的同盟者和支持者。

（一）家校教育的分歧

1.教育观念上的分歧

教师与家长在教育观念上存在的分歧主要体现在人才观、儿童观等方面。

在人才观上，教师基本上确立了正确的人才观——即符合社会要求与个体发展特点的人才观。而家长则往往认为只有脑力劳动者才是人才。在儿童观上，教师倡导民主、科学、进步的儿童观。而有些家长仍保留着大量的封建宗法、男尊女卑的观念，认为孩子是家庭的隶属品、父母的私有财产。

2.教育出发点的分歧

教师既要面向全体，又要照顾个体；望子成龙是每个家长对教育最大的期望，因而家长只是对自己的孩子好就行。

3.教育方法的分歧

教师教育行为一般来说是科学的、系统的、有目的性的，而家长则是经验的、零散的、自发性的。

4.教育价值观方面的分歧

家长从“望子成龙”的角度出发，不考虑儿童发展的现实与基础；受生存需要的支配，不期望儿童有较大的发展。

（二）家校沟通是成功的坦途

通过沟通，统一认识。教师可采取个别交谈、家访、开家长会、进行家庭教育专题讲座等形式的沟通，消除分歧。

设身处地，置换角色。教师要平心静气，设身处地从家长的角度分析问题，认识、体察家长的心理。

真诚交流，疏通感情。与家长直接沟通感情，互相诉说心里话，达成认识的一致，情感的相容；通过对学生的真诚关心、爱护来解决情感的冲突。

(三) 灵活沟通是有效的技巧

1.态度

谦虚和蔼。教师与家长之间的地位是平等的，教师与家长交往时，应谦虚和谐，讲究礼貌，营造和谐气氛。教师对家长不要居高临下，盛气凌人。

尊重理解。不论家长年龄大小、地位卑尊、文化高低，都要尊重、理解他们作为孩子生命中最重要的人的地位，千万不要摆出教训人的架势。

一视同仁。对经济、社会地位比较低，家庭困难，有残疾的家长要富有同情心；对社会、经济地位比较高的家长不要阿谀奉承，更不能利用他们为自己谋取私利。

2.技巧

称呼得体。要根据家长年龄、身份、职务等具体情况确定一个合适的称呼，同时要记住家长的名字。

语气委婉。尽量避免用命令、警告、责备、训话的口吻与家长对话，应用热情、关心、委婉的语气与家长平等对话。

正确运用非语言技巧。与家长合作对话或家访，教师要面带微笑，手势恰当，握手有力，姿势大方端庄，穿着得体等。

教师所做的一切，无非是想让学生养成良好的学习习惯，按时完成作业；在课堂上，做到专心致志地听课，目光能渗透对老师的理解与支持；在校园里，文明儒雅的语言能散发出对教师的尊重与敬仰；在生活中，彬彬有礼的行为能体现出老师的教导与培育。现在，这个目的达到了，说明这个教育过程是合理的、成功的，体现了教师自身的价值。试想，如果老师大发雷霆，既训学生又训家长，虽然自己的火气、委屈发泄了出去，可收到的效果会是怎样的呢？前者的做法是触动了家长的心，家长会发自内心、心甘情愿、毫无怨言地主动去抓孩子的学习；而后者则是被逼迫地、有怨言地被动去应付孩子的学习，两者无论从态度上还是效果上都有明显的差异。常言道："你敬我一尺，我敬你一丈。”我们教师稍稍的一次理智、一次冷静、一次客气、一次友好、一个微笑、一个问候、一次换位思考，就使自己轻松地获得了家长的支持、信任与感激，为自己以后的教育教学工作铺平了道路，奠定了基础，这种省时又省力的事，何乐而不为呢?

一位学者曾经说过：“花的事业是尊贵的，果实的事业是甜美的。让我们做叶的事业吧，因为叶的事业是平凡而谦逊的。”现在教师接待家长在整个教育教学活动中，占的比重很小，可它却彰显着一个教师的素养，体现着教师所做的点点滴滴能否从“一切为了学生，为了学生的一切，从每个细节做起，从一点一滴培养”出发。只要教师重视接待家长，不断提升自己的素质，提高自己接待家长的技巧，真正运用换位思考，相信每位教师都会成为接待家长的能手、高手。

关注孩子心理是教师天职

新学期开学了，一位家长搀着一位小孩来到幼儿园报名。小孩躲在家长身后指着幼儿园展出的往届幼儿绘画作品说：“这么丑的画是谁画的?”……来到活动场地，看见一辆坏了的玩具汽车，说：“是哪个坏孩子把小汽车摔坏了?”如果你是家长或教师，你会对孩子说些什么？是教育孩子辨别美丑、好坏？是教育他爱护公物、损坏公物要赔偿？还是批评、呵斥？你有没有从孩子说话的心理上分析？（孩子胆怯、怕自己以后画不好或摔坏玩具，又渴求自己的作品能展出、自己能多玩玩具）如果没有这样想，至少说明你对儿童心理了解不够，对儿童关注不够。你的教育是无效的，你的批评更是可怕的。（高明的幼儿园老师对第一个问题的回答是：我们幼儿园，不管小朋友画得怎么样，只要敢贴出来就是好的，如果你想贴，尽管画吧。对第二个问题的回答是：我们幼儿园的玩具就是给小朋友玩的，玩坏了是不要赔的。）

四、双赢思维的基础

讲礼堂

◆学校要求教师在他的本职工作上成为一位艺术家。

——爱因斯坦

◆以出家入佛的精神从事着中国的乡村教育。　——陶行知

◆我不入地狱，谁入地狱？对北京大学进行脱胎换骨的改造。

——蔡元培

（一）双赢思维的理念

双赢思维是一种基于互敬，需求互惠的思考框架和心意。其目的是获得更丰厚的机会、财富和资源，而非你死我活的敌对式竞争。双赢思维鼓励我们共同解决问题，并协助个人找到互惠的解决办法，是信息、力量、认可和报酬的分享。

正如杜鲁门所说：“只有永远的利益，没有永远的朋友!”这对教育也是一个重要的借鉴。

社会的发展使人们之间的交往变得更加频繁而深入，合作、互利在人们的社会生活中越来越显示出重要的作用。孤家寡人是不可能成功的，因而，一个人要想在自己的事业中取得成功，一定要广结善缘，乐于助人，在帮助别人获得成功的同时，自己也获得成功——达到“双赢”的功效!

合作可以产生一加一大于二的倍增效果。据统计，诺贝尔获奖项目中，因协作获奖的占三分之二以上。在诺贝尔奖设立的前 25 年，合作奖占 41%，而现在则高达 80%。

人际关系的成败模式：

利人利己——赢加赢；

损人利己——赢变输；

损己利人——输变赢；

两败俱伤——输加输；

独善其身——必是赢；

好聚好散——两不输。

我们的工作伙伴及家庭成员，都要从互相依赖的角度来思考，是“我们”，而非“我”。双赢思维鼓励我们共同解决问题，并协助个人找到互惠的解决办法。

教师应掌握八个人际要素。

关心——悄然无息的情感积累，当你有难时，亦会“厚积薄发”。

平视——平视是一种自信，平视是一种尊重，平视才有公平，平视才会真实。

合作——合作是真诚沟通的最好途径。有了合作就有了了解、理解和信任。

反思——反思是换位的体验，是理解的桥梁，是修养的提升。

控制——请记住“当你想把别人弄脏的时候，往往你把自己弄得比别人还脏”。

忍让——“忍一时风平浪静”，怎能不忍，“退一步海阔天空”，为何不退。

发泄——积劳成疾，积怨成祸，时常想起“朋友，有空去坐坐”。

忘记——“忘记别人的不好是善待自己的最好方式”。

（二）双赢思维的要领

1.培养双赢的品格

真诚、正直、诚信是“双赢”的基石。

情感统筹：有勇气表达自己的感情与信念，又能体谅他人的感受和想法；有勇气追求利润，也顾及他人的利益。有的人见不得别人好，甚至对亲朋好友的成就都会眼红。相比之下，富足的心态就是告诉我们，相信世间有足够的资源，人人都得以分享。

2.建立双赢的人际关系

理解别人：理解别人是一切感情的基础，正所谓“己所不欲，勿施于人，己欲达则达人”。

注意小节：一些似乎无关紧要的小节，如疏忽礼貌，不经意的失言等，其实是最能消耗情感账户的存款的。

信守诺言：守信是一笔很大的收入，而背信则是一笔庞大的开支。

阐明期望：几乎所有的人际关系问题，都源自于对彼此角色与目标的认识不清，甚至相互冲突所致。

诚恳正直：背后不道人短是诚恳正直的最佳表现。

勇于道歉：至诚的歉意足以化敌为友。

3.签订双赢的协议

在互利的关系中，对于彼此都能接受的结果，必须先有共识，即“绩效协议”或“合伙协议”。凭借这种协议，从属关系可转换为合作关系，上对下的关系则转变为自我监督，这样双方可以共谋福利。

4.建立双赢的制度

双赢的管理原则必须有合理的制度加以配合，否则理想与实际相抵触。个人或集体的使命宣言所列举的目标与价值，应当有恰当的奖惩制度作为后盾。

(三) 双赢思维的细节

自我欣赏要有限度。一个教师要想有好的同事关系，首先要有良好的心态，要对自己有个非常客观的评价，自我欣赏要有个限度。要想获得别人的尊重必须先尊重别人。

管好自己的“三分三”：有些人不愿意和别人交流，把自己封闭起来，这种过于简单的处世方法，在一个团队里会比较孤独，也会很难相处。实际上，有些私事不能说，但有些私事说说也没什么坏处。如果一个教师结了婚，有了孩子，就有关于妻子和孩子方面的话题。在工作之余，都可以随便聊聊，它可以增进教师之间相互的了解，加深感情。无话不说，通常表明感情之深；有话不说，自然表明人际距离的疏远。教师之间的信任是建立在相互了解的基础之上的。

让体态和眼神说出你的秘密。体态语言和说话方式是与人相处的润滑剂。教师之间相互交流时，要注意表达方式和说话方式。眼睛是心灵的窗户，要让别人通过眼睛接收到善意的信息。

要有和谐宽容的心态。容忍同事的过错，不要斤斤计较。能够容人之短的人，一定是个受欢迎的人，也一定会成功。

（四）办公室里的行为禁忌

拒绝帮助同事。这是最不能让人接受的，特别是在你力所能及的范围内，也不愿帮同事。

在办公室比家里还懒。开水要喝，但是从不打开水，报纸要看，但看了之后随手乱扔，从来不把它夹好，久而久之，其他教师会对你没有好感。

热衷于探听家事、隐私。爱探听人家私事，是一种不道德的行为。

只“进”不“出”。和同事一起出去，从来不掏腰包的人，是不会受欢迎的。

越级“控诉”（喜欢向领导打小报告）。这很容易引起同事的反感。

有好事儿不通报。学校里发物品、领奖金等，你先知道了，或者已经领了，一声不响地坐在那里，像没事似的，从不向同事通报一下，有些东西可以代领的，也从不帮人领一下。这样几次下来，别人就会觉得你缺乏共同意识和协作精神。

进出办公室不互相告知。

常和一人“咬耳朵”。同办公室里有好几个人，不要对其中某一个人特别亲近或疏远。如果你经常和同一个人一起“咬耳朵”，别人进来又不说了，那别人难免会产生你们在说他坏话的想法。这样容易引起同事之间的误会。

培养孩子自信心是教师智慧

班上新转来的女孩，由于基础较差，单元测试考了倒数第一名。上课时，她不敢接触老师的目光，回答问题细声细气像蚊子叫。

老师发现她声音虽然很低，但朗诵课文很流利，很有感情。老师把孩子请到办公室，对她说："老师发现听你朗诵课文真是一种享受，你愿意每天来办公室给老师读一刻钟课文吗?"

孩子使劲地点点头，于是老师找了篇文章让她读。读完后，老师由衷地说："太好了，读得这么深情，你真的很有朗诵天分，要是声音再高一点点就更好了。"

孩子大受鼓舞，蹦蹦跳跳地出去了。第二天，她又来朗读，果然声音高了许多，老师大加赞赏。第三天，老师问："明天你敢当着全班同学的面站起来大声朗读吗?""敢!"女孩朗声回答。

第四天，女孩果然勇敢地站起来朗诵了课文，声情并茂。同学们都很惊讶，老师带着大家鼓掌。女孩一天天活泼起来，成绩有了飞跃，朋友也多了起来。

孩子的自信无论对孩子的学习还是一生的发展，都至关重要。作为老师，应最大限度地培养和保护孩子的自信心。

五、关注细节的习惯

讲礼堂

◆我们要教人，不但要教人知其然，而且要教人知其所以然。——陶行知

◆有时宽容引起的道德震动比惩罚更强烈。——苏霍姆林斯基

◆爱自己的孩子是人，爱别人的孩子是神！——高震东

教育的艺术在很大程度上就体现在教师敏锐地捕捉教育细节，科学地处理教育细节上。如果我们的课堂教学有更多的细节被教师关注，那么我们的教育就一定会变得更美丽，更迷人。

（一）关注细节是教师的职业习惯

教师要具备精细而全面的观察力。教师只有通过细心的观察才能更加准确地了解学生心理的内在原因，准确判断其行为的真实动机。

教师要具备准确而敏捷的记忆力。教师记忆力的准确性表现在，教师要不断学习专业知识，广泛涉猎各种文化科学知识，丰富自己的头脑。特别是在日常教学中，教师若能迅速准确地记住学生的名字，会增进师生之间的感情。

教师要具备良好而锐敏的注意力。注意分配的能力是指教师在同一时间内把自己的注意指向不同对象的能力。如教师一边讲课，一边板书，一边观察学生的情况；一边听学生回答问题，一边观察学生的态度表情。

教师如果具备了良好的观察力、记忆力和注意力，就能关注课堂教学的每一细节，在细节中展示自己良好的职业道德。

(二) 关注细节是教师的人格魅力

雨果曾经说过："笑就是阳光，它能消除人们脸上的冬色。"

应当从小事做起。常言道："不以善小而不为，不以恶小而为之。"教师每天的工作就是和学生一起做细小的事情。

应当有良好的教态。站态要有安定感和力度。要用优美的手势正确地表达感情。面部表情要丰富，但不做作，要善于运用喜、怒、哀、乐、爱、恨、怨、叹等表情。

应当有高超的沟通艺术。研究表明：教育工作中的错误有70%是师生间缺乏沟通造成的！以下是一些具体的例子。

1.关于学生读书

(1)听到你们教室里书声琅琅，我就有一种春风扑面的感觉。

(2)你读了几句就停下来想，这就是古人所要求的"眼到、口到、心到"。

(3)你说你在读书过程中，常常由于某个字、某个词的影响而认识另一个生字、生词，这就叫触类旁通。

(4)暑假快到了，你们若想看课外书，可以到我家借。

(5)从昨天你向我借《红楼梦》这件事上，我就看出你是爱读书的好学生。

2.关于学生作文

(1)李流畅，你真是名副其实，文章写得很流畅。

(2)水珠从荷叶上滚下来，相信这现象很多人都见到，但只有高某某写出来，为什么？因为他观察细致！这是写好文章的基本功。

(3)我理解她，我相信她不是想抄来得高分，而是想抄出来让大家欣赏。(当有学生指出杨某某的作文系抄袭时，我以此话维护她的面子，她事后向我承认了错误)。

(4)团结互助不光指在经济上的互相支持，钟同学看了伍同学的作文后，向伍同学说出了自己看到的优缺点，这也是团结互助。

3.关于学生听课

(1)大家对我的课这么感兴趣，是对我这个年轻老师的最大鼓舞，我很荣幸。

(2)不对，不是你笨，是我刚才说得不够清楚，你静静心，我再说一遍。

(3)我的普通话不是很好，所以你们要仔细地听，否则就浪费了彼此的时间。

(4)能安静听课，是取得好成绩的基础，因此看到你们如此安静地听，我对你们充满信心。

(5)谢谢大家听得这么专心，对我这么尊重。

4.关于学生答题

(1)你答得很正确，也有创见，估计你读过这方面的课外书，是吗?

(2)虽然你说的不完全正确，但有一点很让我满意：你很有勇气，也很有信心。

(3)葛同学的回答基本上是对的，但还有欠缺。刘某某，听说你一直都很留意这个问题，你能接着补充一下吗?

(4)我知道你心里已经明白，但一下子说不出来。这样吧，我试着把你的想法说一说，你看看是否跟你想的一样。

(5)你答得都对，就是次序有点乱。记住，以后要先把想说的话在心里整理一下，然后再说，就不会乱了。

(6)你回答时坐姿端正，眼睛正对着我，声音响亮，就凭这些，我相信你一定能上进。

5.关于学生写字

(1)你说你是生来的鸡爪手，永远写不好字，可是，为什么这个“纳”字、“花”字、“轰”字和“码”字你又写得很好？可见“鸡爪手永远写不好字”，这话没有根据。

(2)我近视，是因为小时候写字的坐姿不正确，希望你们以我为鉴。

6.关于学生提问

(1)这是不是最佳解法，我不敢说，我希望你们以后能发现更好的解法。

(2)你提的这个问题有深度，我要回去看看书才能解答，请原谅。

(3)你这问题超出了课文的范围，让我为难，但也让我高兴，因为你的知识面扩大了。

(4)这个问题，我估计你们自己可以弄懂，所以暂不回答，你们先自己想想吧。

(5)谢谢你们一而再、再而三地追问，否则我永远不知道唐太宗的宠妃杨贵妃曾是他的儿媳妇。

7.其他方面

(1)三元五角钱的学费，你爸爸交到我手里的是23张小币。从这23张皱巴巴、汗渍渍的小币上，我看到你父母亲的辛苦。你呢，你看到了什么?

(2)我要感谢张昶同学，因为她的名字，逼着我去查字典，使我终于知道了这个“昶”字的读音。

(3)我讲得也许有不足，课后大家最好去找相关的课外书来读读。

他山之石

让想象力绽放童心

一个老人搞了个别开生面的测试：用粉笔在黑板上画了一个圆圈，请测试者回答这是什么。

在小学一年级，小朋友们异常活跃地回答：“句号”“月亮”“烧饼”“乒乓球”“老师生气的眼睛”“我家门上的猫眼”……

问到初中同学时，一位尖子生举手回答：“是零。”一位学习后进的学生喊道：“是英文字母O。”他却遭到老师的批评。

当问到大学生时，他们哄堂大笑，拒绝回答这个只有傻瓜才会回答的问题。

当问到机关干部时，他们面面相觑，用求救的眼光瞟着在场的领导。领导沉默良久，说：“没经过研究，我怎么能随便回答你的问题呢?”

某日看电视里的《东方儿童》节目。主持人问天真的孩子：“花儿为什么有很多种颜色?”孩子的回答个个透着可爱的童稚。有的说要是花儿只有一种颜色太阳就不喜欢了，有的说要是花儿只有一种颜色蜜蜂就不想吃了……最后这些回答都被判作是错误的。当节目主持人一本正经地说出正确答案——因为花儿中有胡萝卜素，整个节目顿时失去童趣。直到最后主持人也没有对孩子们的想象力给予褒奖，这使我很为说出“要是花儿只有一种颜色太阳就不喜欢了”的孩子担心，担心他那无比宝贵的想象力，会被我们这些自以为是的大人用一个“胡萝卜素”就轻而易举地涂抹掉。从某种角度说，正是“正确答案”蚕食着我们的想象力。我们只是急于将现成的答案告诉我们的孩子。其实像“胡萝卜素”之类的常识性东西，他们迟早有一天会知道的。实在没有必要以牺牲孩子的想象力来作为了解常识的代价。我们有责任尊重和保护孩子的想象力。

小学语文老师考学生：“雪融化了是什么?”一个学生回答：“雪化了是云。”另一个学生说：“雪化了是彩虹。”还有学生说：“雪化了是春天。”

老师说：“错。答案是泥水。”

有这么一道考题：秋天到了，树叶……学生写“树叶红了”“树叶绿了”“树叶飞舞”等都为错，因为书上是“树叶黄了”。

用“活泼”造句，只能造“小朋友活泼”，“小鱼在河里活泼地游来游去”“小河里的水很活泼”都是不对的。

对教育而言，读书的最终目的并不是获取知识，而是训练思维，点燃学生头脑中创新思维的火把。

六、不断调适的心境

讲礼堂

◆春蚕到死丝方尽，蜡炬成灰泪始干。——李商隐

◆你的教鞭下有瓦特，你的冷眼里有牛顿，你的讥笑中有爱迪生……——陶行知

◆即使最穷苦最没有照顾的孩子，上帝也给他们天生的能力。我已经观察了一个长时期，在孩子们的粗笨、怕羞以及显然无能的背后，蕴藏着最优秀的才能，最珍贵的能力。——裴斯泰洛齐

（一）身体力行是教师的奉献基石

锻炼身体就是维持健康——营养的食物，充分的休息，定期适当的运动。好的运动能增强个人的灵活性和意志力。

灵活性：可借助有氧运动前后的伸展运动加以训练。

意志力：可通过持久的肌肉运动来培养，伏地挺身随着体力的增进，可以增强活动的精力，培养毅力。

（二）精神振奋是教师的职业风尚

精神是人的核心，代表着价值体系，极为隐私但又极端重要。教师作为知识分子，其精神领域更为丰富，但也往往容易出现问题，比如产生冲突，陷入困惑。因此，教师定期进行心灵的维护更为重要。

读《论语》《老子》《圣经》，祈祷、沉思、听音乐、亲近大自然（包括外出旅游），还有与知己交流等方式都不失为荡涤心灵尘埃、陶冶精神、掌握人生方向的良好途径。

涤荡心灵的尘埃需要投注时间。马丁·路德·金曾说：“今天我有那么多的事情要做，我需要再跪上一个小时，因为祈祷是增加精神动力的源泉。”

（三）心智和谐是教师的不竭动力

教育是砥砺心智的一个有效途径。借助外来的教育与训练，不失为继续求知的良策，但主动积极的人更懂得如何把握机会进行自我教育。

自我教育的最佳方式是阅读名著、名人传记等，师从伟人，养成定期读书的习惯。

写作也是砥砺心智的另一有效途径。记下个人成长的心路历程，借以理清思路，增进思考能力，撰写思想深刻的研究论文等。

他山之石

木偶小孩的故事

有一则童话，讲的是在木偶剧团里，一个木偶逃跑了，导演又气恼又着急，发动人们四处寻找，结果错把一个小孩当作木偶抓了回来。因为这个小孩特别听话，马路上路口处的信号灯坏了，红灯总是亮着，而绿灯一直也不亮，这个小孩站在路口处等绿灯，半天就是不走。导演试了一下，发现这个孩子确实比真正的木偶还听话。后来，他加入剧团，成了一个非常受观众欢迎的木偶明星。

童话中的木偶当然是经过夸张的艺术创作之后的一个典型形象，但在我们的生活中，有多少受欢迎的木偶明星一般的孩子？我们的教育常常为其制造生产出的听话、顺从、遵守纪律和规则的产品而满足自豪，却不知我们已有多少缺乏个性和独立性、失去灵性和活力的孩子。多少年来，我们的教育一直推崇的是听话顺从的乖孩子，强调的是教育的整齐划一。为此我们使用同样的教学内容，同样的教育方法，同样的评价标准，要求、衡量着智力、爱好、兴趣和经历、基础迥异的学生。

附录一：

教师应具备的9种沉思

沉思一：你属于哪一种类型的教师？

第一种类型：生存型教师——无奈的苦捱

1.把教师看成是知识的搬运工。

2.把教师工作看成是无可奈何的选择。

3.将教师职业当作寻找更好职业之前的跳板。

第二种类型：享受型教师——吃苦也是享受

1.把学生的成长当成教师最大的快乐。

2.对平凡的工作充满热爱。

3.在付出和给予中获得内心的满足。

第三种类型：发展型教师——创造的幸福

1.把教师看成是教育活动的反思者和研究者。

2.以自我终身教育作为教师生涯的推动力。

3.视教师职业为不仅给予也在收获的有意义的活动。

沉思二：每天扪心自问。

1.今天，我在用心地学习与探索吗?

2.今天，我有勇气直面自我的丑陋吗?

3.今天，课堂上的我是胆怯、麻木、茫然还是兴奋？

4.今天，我的教育教学是否有亮点？

5.今天，我抱怨了吗？

6.今天，我快乐吗？

7.明天，我有希望吗？

沉思三：教师能给我带来什么？

悲观者：生活尽是痛苦。

乐观者：痛苦时叫两声。

沉思四：是什么改变了我？

五年前，我收学生的午餐费都觉得烫手。

五年后，我胁迫学生交各种费却心无愧意。

沉思五：为什么我成了尴尬的科任老师？

我当班主任真的是如鱼得水，把乱班都能改造得井井有条，教授本班的语文课，也可以说是在享受课堂。

而当我作为科任教师兼任全校闻名的两个乱班的所谓副课却十分尴尬，常常是被那些顽皮的孩子搅得心绪烦躁，有时甚至真的想揍他们一顿。

沉思六：面对童心我为何要欺骗？

童心是最美的，而我常常为了所谓的权威，为了所谓的虚妄，为了所谓的功利欺骗孩子。本来，我可以找种种理由替自己辩解开脱，但我始终回避不了这个沉重的话题：面对童心为何要欺骗?

沉思七：教育到底是什么？

刚为人师时，我认为教育是光辉的事业，因为书本都是这样写的。为师四五载，我感悟到教育是那样的高深莫测，令我迷茫而又敬畏。为师十年，读不懂的教育吹进了素质教育新课程的风，我狠吸了一口气。

如今，眼见太多伪实验、太多的投机者，在我再次迷茫、失望时，只好把教育解读为一种权衡利益的工具。

沉思八：是什么让我学会了虚伪？

当我面对教育，我必须赤裸裸迎接丑陋。

是什么让我学会了虚伪，真实地说就是虚伪的教育。是的，因为受恩于教育，我改变了命运，也因为受恩于教育，我学会了轻视，轻视自己目不识丁的农民父母，轻视自己生命的滋养地，轻视比自己弱小的群体。当然，我轻视别人时，也遭遇强者的轻视，于是我摆不脱卑微，梦想着强大，生命便在教育中虚伪……

沉思九：星期一，我为什么不想上班？

已经很久，我被这样折磨着，只要度完周末，就对即将到来的星期一感到莫名的惶恐，但不想上班只是痴心妄想。于是，我只好带着镣铐走进新的一周。我不知道我的学生有这样的情绪没有……

附录二：

教师师德应具备的60种职业理念

1.追求教育的至高境界

教育是人学；教育是艺术；教育是自信。

2.提供教育的文化营养

尊重人格；开发潜能；培养性格；宽容缺点。

3.丰富教育的人文品质

让融爱成为爱的聚焦；让师爱成为爱的源泉；让赏识成为爱的堡垒。

4.促进教育的本质回归

不是方法的改变，而是态度！只要态度一变，一是方法无限，二是奇迹出现。

5.提升教师的专业素养

勤于读书，精于思考，善于交流，乐于动笔，躬于实践。

6.帮助教师成长的三本大书

读好知行大书；用好实践活书；回味生命天书。

7.要给学生的七个解放

解放耳朵，使其听；解放眼睛，使其看；解放嘴巴，使其说；解放大脑，使其想；解放时间，使其做；解放空间，使其动。

8.教师工作是至善至美的事业

善解学生发现美；与生为伴表达美；善待学生享受美。

9.教师工作是温馨温暖的事业

守住宁静的心家；经营平等的爱家；融入和谐的大家

10.教师是走进心灵，培育心灵，感化心灵的艺术家。

11.运用科学的教育方法，实施全面育人的工程是教师成就的事业。

12.教师是：情系粉墨为人梯，潜心爱生终不悔。

13.教师的细节决定学生的成败。

14.教师的一生是由道德和习惯构成的。

15.既然人生苦短，就得笑对人生，享受人生。

16.人的一生就是从摇篮走向坟墓的过程。

17.你出生的时候，你哭着，周围的人在笑；你逝世的时候，你笑着，周围的人在哭。

18.人的一生就是一个轮回。只要你自己想得开，没有人会使你不痛快。

19.上课是教师职业的最多最大的享受。

20.额外的工作负担是一种机会，也是一种享受。

21.人最愉快的时候，是劳动的时候，而不是优哉游哉地空耗时日的时候。

22.把工作看成是一种乐趣时，才觉得生活是一种享受；把工作看成是一种义务时，生活则是一份苦役。

23.上帝的安排是公正的：这个地方吃亏，另一个地方会有补偿。

24.别人冒着降低自己人格的危险说你的坏话，而你得到的是一种享受。

25.教师要学生学会：多琢磨事，少琢磨人，不要自寻烦恼。

26.人大可不必为别人的眼光和舌头而活着，如果你要顾忌这一点，那么属于你自己的快乐空间就太少了。

27.累是一种幸运，也是一种机遇，更是一种享受。

28.你要活得长久些，你就只能活得平凡些；你要活得光辉些，你就只能活得痛苦些；你要活得幸福些，你就只能活得简单些。

29.日出东海落西山，愁也一天，喜也一天。

30.遇事莫钻牛角尖，人也坦然，心也坦然。

31.用平平常常的心态、高高兴兴的情绪，快节奏、高效率地做平平凡凡、实实在在的事情，才会享受到为学生、为家人尽到责任的快乐。

32.我们和下岗工人比，有活干，苦累一点，其实也是一种幸运和机遇。

33.人来世上就像匆匆的烟云，我们不能就在烟云里走过。

34.共享健康心理，共生教育智慧，共达专业成长。

35.把教育的小故事写在教育的大爱里，放射出人类智慧的光芒。

36.一个优秀的教师，对学生要在不帮不行的时候插嘴、动手，学生才会得到你的真正东西。

37.教师应该具备“六心”——爱心、热心、细心、耐心、慧心、恒心。

38.我们离教育家就只有三步之遥，即细心之步、总结之步、反思之步。

39.教师永远是一个精神上的长途跋涉者，脚下永远是起点。

40.教师职业就在于两点：时时刻刻都在思考学生的事，事事处处都在体验牵挂。

41.老师的四个力点：一、口要勤在“点”上；二、眼要勤在“心”上；

三、腿要勤在“力’上；四、脑要勤在“思”上。

42.真正的教育是让学生在自我教育的环境里接受教育。

43.作为老师来讲要记住两个要点：一是出现问题时解决问题是被动的；二是出现问题前解决问题是主动的。

44.我们把管一管的做法转变为经常去理一理，这比管一管要强得多。

45.学生看到老师时收敛自己的行为是应付，学生想到老师时约束自己的行为是内化。

46.老师的工作一生就是在编织情景小故事，塑造人生大智慧。

47.老师只能对学生的优点及时做出评价，不能对学生的缺点盲目地做出评判。

48.批评学生时，不要让他觉得你是有备而来；教导学生时，要让他觉得你是有备而来。

49.如果你批评学生能让学生笑起来，并能在笑声中回味，那么你的批评就真正有效了。

50.在处理学生时，轻轻地拍一下学生的肩膀比重重地敲一下学生的脑袋的效果好得多。

51.空洞乏味的说教让学生厌烦，丰富多彩的活动使学生难忘。

52.用武力教训学生，学生口服心不服，用柔力教导学生，学生心服口服。

53.找学生谈话，要话中有话；找学生谈心，要心心相印。

54.遇到学生时主动问候学生，会让学生每天都有好心情。

55.老师的能力和水平就在于教学生“玩”出水平和名堂来。

56.老师擅长的两法就是——“激将法”和“激励法”，一旦用好了，将会出奇迹。

57.名人名言可以激励人，往往名言的激励作用会超乎你的想象。

58.老师有意识地在学生面前讲一名差生的优点，那名差生会给你一个惊喜。

59.老师抱怨学生不听话，那么违规的学生会越来越多；总是欣赏学生的优点，不听话的学生恰恰越来越少。

60.教师在教育思想的园圃播下一个行动，收获一种习惯；播下一种习惯，收获一种性格；播下一种性格，收获一种命运。栽种思想，成就行为；栽种行为，成就习惯；栽种习惯，成就性格；栽种性格，成就命运。

参考文献

[1]余绍龙.现代教师礼仪与师德[M].重庆:重庆大学出版社,2009年

[2]余绍龙,丘小云.现代师德新概念[M].哈尔滨:哈尔滨工程大学出版社,2010年